좋아, 하는

좋아, 하는

김화요 글 | 한지선 그림

오늘책

차례

내 키는 172센티미터…6

안 어울리는 취미…12

안희도…20

최악의 짝…29

쪽지…38

말하지 마…45

온도의 변화…54

알면 알수록…60

희도가 있는 곳…67

누구의 것…76

톡이 좋은 이유…82

꽃이 피는 소리…88

피구…95

혀에 돋은 칼…103

희도가 잃은 것…111

할 말이 있어…120

6월 12일…128

정말로 하고 싶은 것…136

진짜 정지수…146

결정…153

민시영…164

내일…173

내 첫걸음…179

글쓴이의 말…188
심사 위원의 말…190

내 키는 172센티미터

나를 노리고 곧장 날아오는 공을 온몸으로 잡았다. 아랫배가 뻐근해질 정도로 강한 공이었다. 우리 반 아이들이 환호성을 질렀다. 동시에 3반 아이들은 비명을 올렸다.

"악! 또 정지수가 잡았어!"

"미쳤나 봐. 어떻게 저걸 잡았지?"

"정지수, 던져!"

내야에 남은 3반 아이는 딱 한 명이었다. 얼굴이 굳어져 뒷걸음치는 그 애를 향해 나는 힘껏 공을 던졌다. 번개처럼 내리꽂히는 내 공에 3반의 마지막 선수가 몸을 확 움츠렸다. 체육 선생님이 삑 호루라기를 불었다.

"경기 끝. 1반 승리!"

환호성과 함께 우리 반 아이들이 내게 와르르 몰려들었다. 시영이는 내 허리를 꼭 껴안은 채 떨어지질 않았다.

"우리 지수 최고! 나 또 반했어. 어떡행."

"정지수 대박. 어떻게 공이란 공은 다 잡냐?"

"정지수 혼자 하드 캐리 했네."

3반 아이들이 투덜대는 소리도 어깨 너머로 들려왔다.

"쟤 여자 맞냐?"

"1반이랑은 반 대항 시합하면 안 돼. 정지수 때문에 절대 못 이겨."

선생님은 나를 보며 빙그레 웃었다.

"정지수, 대단하네. 넌 정말 체육 꿈나무다."

나는 멋쩍게 씩 웃었다. 아이들의 감탄과 존경 어린 시선에 어깨가 저절로 쓱 올라갔다. 체육 시간은 내가 가장 주목받고 빛나는 시간이었다.

내 키는 172센티미터다. 우리 반 여자애들 중에서 제일 크다. 아니, 반 전체에서 제일 크다. 전교에서도 남녀 합쳐 제일 클지 모른다. 키뿐만이 아니라 힘도 세다. 적어도 우리 반에서 팔씨름으로 날 이기는 애는 아무도 없다.

운동 신경도 좋은 편이다. 백 미터 달리기는 13.5초로 전교에서 2등이고, 피구를 하면 어지간한 공은 다 잡아 낸다. 내 입으로 말하기는 그렇지만 줄넘기, 발야구, 티볼 등 어떤 종목이든 내가 못하는 건 없다. 지금 선생님을 비롯해 이제까지 모든 선생님들이 다 입을 모아 이야기해 왔다.

"지수는 무조건 운동 쪽으로 나가야겠다. 타고났네, 타고났어."

"지수는 아이돌 같아!"

교실로 들어가는데 단짝 시영이가 내 팔짱을 끼고 생글생글 웃으며 나를 올려다보았다.

"얼굴도 잘생기고 키도 크고 운동도 잘하고. 아, 딱 한 가지가 너무 아쉽당."

"그게 뭔데?"

"네가 여자라는 거! 딱 내 남친이어야 하는데!"

시영이가 정말로 아쉽다는 듯 고개를 저었다.

"네가 우리 반 남자애들 다 합친 거보다도 더 멋있는데."

"크크, 뭐야, 민시영. 이상한 소리 하고 있어."

"진짜라니까. 생긴 것도 완전 미소년인데 아깝다, 진짜."

"그래, 그나마 미소년이라고 해 줘서 고맙다."

"머리 절대 기르지 마. 지금이 너한테 딱 어울려."

시영이가 짧게 커트한 내 머리를 까치발을 하고 쓰다듬었다. 내 주변에 어느새 하나둘 여자애들이 모여들었다.

"지수야, 진짜 머리 기르면 안 돼?"

"지수 때문에 우리 반 남자애들 눈에도 안 들어와."

"민시영. 너 지수한테서 좀 떨어져. 지수가 네 거야?"

나는 웃으며 아이들과 같이 복도를 걸어갔다. 내 주변에 동그랗게 모여서 재잘거리는 여자애들은 정말로 귀엽다. 다들 나보다 작아서 걸을 때마다 통통 튀어 오르는 정수리가 잘 보였다. 그리고 반짝거리는 저 머리핀도.

"지혜 머리핀 되게 반짝거리네."

내 앞에 바싹 붙어 걷고 있는 지혜의 핀을 보며 나도 모르게 중얼거렸다. 지혜가 머리핀을 만지며 생글 웃었다.

"너무 튀나? 울 언니가 사다 준 건데."

순식간에 아이들의 관심이 지혜의 머리핀으로 몰렸다.

"어디 봐. 와, 진짜 예쁘다."

"꺅, 나도 갖고 싶어. 어디서 샀대?"

"우리 동네에서 가까워."

"그러니까 어딘데? 오늘 우리 같이 사러 갈까?"

무지갯빛 큐빅이 조르르 박혀 있는 강아지 모양의 핀이었다. 나도 궁금해서 목을 빼고 듣고 있는데 시영이가 내 쪽을 돌아보며 미안한 듯 말했다.

"지수는 이런 귀여운 거 관심 없을 텐데 우리끼리 난리 났네."

"아니, 뭐……."

나는 머쓱해져서 얼른 자세를 고쳤다. 아이들이 시영이의 말에 맞장구쳤다.

"맞아. 지수가 머리핀 같은 거에 관심 있을 리가 있나."

"그래, 그 얘기는 이따가 하자."

나는 속으로 한숨을 쉬었다. 어디서 파는지 듣고 싶었지만 이런 분위기에서는 도저히 물어볼 수 없었다. 아마 아이들은 생각도 못 하고 있을 거다. 다들 내가 흥미 없다고 생각하는 '그런 귀여운 거'에 엄청난 관심을 가지고 있다는 걸. 아니, 관심 정도가 아니라 실은 무지무지 좋아한다는 걸.

안 어울리는 취미

"완성!"

크림색 프릴이 달린 조그만 원피스를 들고 나는 제자리에서 펄쩍펄쩍 뛰었다. 이제까지 만들었던 인형 옷들 중 가장 공들인 작품이었다. 프릴을 달고 비즈로 장식하는 데 애를 먹어서, 완성하는 데 거의 일주일이나 걸렸다.

"이제 우리 나나에게 입혀 봐야지."

나는 콧노래를 부르며 선반 위에서 금발 머리의 인형을 골라 안았다. 첫 완성작이라 엉성하기 짝이 없었던 빨간 원피스를 벗기고 방금 만든 프릴 달린 원피스를 조심스레 입혔다. 입혀 보니 등 쪽이 조금 빠듯했다. 아, 여기 조금 여유를 줄걸. 그 부분만 빼면 대만족이었다. 고심해서 고른 코발트색 원단이 나나에게 딱 어울렸다. 팔랑거리는 크림색 프릴도 너무나 귀여웠다.

"아, 예쁘다."

나는 책상의 스탠드를 켜고 마치 무대의 조명처럼 나나를 비추었다. 빛 때문에 가슴에 장식한 비즈가 반짝거렸다. 잠시 넋을 잃고 바라보다가 나는 황급히 휴대폰을 들었다.

"이럴 때가 아니지. 얼른 인증!"

다양한 각도에서 나나의 사진을 찍었다. 공들인 프릴 부분은 카메라를 바짝 붙여서 접사로 여러 장 찍었다. 살짝 보정을 해서 색감을 좀 더 선명하게 한 후 내가 제일 자주 들어가는 인터넷 카페에 접속했다.

프리티 돌 러블리 돌.

바로 글쓰기를 눌렀다. '살랑핑크'라는 닉네임으로 나는 사진과 글을 올리기 시작했다.

> 님들! 헤헷, 저 드디어 프릴 원피스 도전한 거 완성했어요.
> 으앙, 바늘에 하도 찔려서 손이 엉망진창. 고수님들에 비하면
> 아직 많이 부족하지만 그래도 완성작을 보니 넘넘 뿌듯.
> 사이즈가 좀 빠듯한 거 같아 아쉽지만 그래도 프릴 달기 도전에
> 성공해서 기뻐요. 부족한 솜씨지만 예쁘게 봐 주세영♡

오케이, 작성 완료!

뿌듯한 기분에 나나를 끌어안고 빙빙 돌고 있는데 방문이 덜컥 열리며 엄마가 들어왔다. 나는 활짝 웃어 보였다.

"엄마, 나 프릴 원피스 완성했어. 보여 줄까?"

"어휴, 됐다. 맨날 방구석에 처박혀서 이게 뭐 하는 짓이냐?"

"엄마, 진짜 예쁘다니까. 봐 봐."

나는 엄마 눈앞에 나나를 들이밀었다. 그러나 엄마는 나나가 아니라 나를 보며 혀를 끌끌 찼다.

"좁은 방 안에서 키도 커다란 게 천 쪼가리나 조몰락대고 있고. 인형은 좀 두고 네 옷이나 예쁘게 챙겨 입어. 맨날 추리닝으로 뒹굴고 있는 거 꼴 보기 싫어."

"내가 예쁘게 챙겨 입을 옷이 어딨어?"

"왜 없어? 내가 사 준 옷은 다 어쨌어?"

"안 어울리잖아, 나한텐."

엄마가 뭐라 말을 하려다가 꿍 하고 입을 다물었다. 그랬다. 간혹 엄마는 그냥 지나치지 못하고 소녀스러운 블라우스와 원피스를 사 오곤 했는데, 입은 내 모습을 보고 나면 옷들은 늘 침묵의 옷장행이었다.

"그럼 뭐, 머리라도 길러 보든가."

"이모가 그랬잖아. 나 머리 기르면 여장 남자 같다고."

"망할 년."

엄마는 이모에게 욕을 뱉었지만 딱히 부정은 안 했다.

띠링.

경쾌한 알림 소리에 얼른 휴대폰을 집어 들었다. 방금 내가 올린 글에 벌써 댓글이 달려 있었다. 댓글을 확인한 나는 입을 딱 벌렸다.

"엄마! 도리안님이 댓글 달아 줬어!"

"무슨 님? 돌은 님?"

"도리안님! 이 카페에서 완전 유명인이란 말이야. 제일 먼저 달아 줬어!"

내 호들갑에 엄마가 한숨을 쉬며 방을 나갔다. 나는 '도리안'이라는 닉네임으로 올라온 댓글을 몇 번이나 반복해서 읽어 보았다.

> 저번에 학생이라는 글을 봤는데, 와, 어린 친구가 정말 놀라운
> 솜씨를 가졌어요. 나는 그 나이 때 뭐 하고 있었나 모르겠네요.
> 프릴 다는 거 쉽지 않았을 텐데, 귀엽고 예쁜 작품에 박수 보내요.
> 다음 것도 꼭 올려 줘요.

"어떡해. 놀라운 솜씨래! 귀엽고 예쁜 작품이래! 악, 또 올려 달래!"

나는 침대에 누워서 기쁨의 발버둥을 쳤다. 도리안은 인형 옷 만드는 블로거와 유튜버로 인형 쪽에서는 상당히 유명한 전문가였다. 감탄이 나올 정도로 정교한 인형 드레스를 뚝딱뚝딱 만들

어 내고 몸이 떨릴 정도로 귀여운 소품을 만들어 내는가 하면, 인형 얼굴에 사랑스러운 메이크업을 입히기도 했다. 일 년에 두 번 열리는 돌 페스티벌에서 가장 인기 많은 부스가 바로 '도리안의 공방'이다. 한정으로 판매하는 도리안표 인형 의상들과 메이크업 인형들은 순식간에 매진이 되고 높은 프리미엄까지 붙어 팔렸다. 오랫동안 내가 팬질해 온 나의 우상이기도 했다.

도리안님이 첫 번째로 댓글을 달아 주다니! 나는 침대에서 데굴데굴 구르다가 정신을 차리고 다시 댓글을 쓰기 시작했다.

도리안님 ㅜㅜ 이렇게 직접 댓글을 달아 주시다니 너무너무
영광이에요. 언젠가는 저도 님처럼 예쁜 옷을 만들 수 있을까요?
저번에 돌 페스티벌에서는 먼발치에서만 봤는데, 혹시 다음에
가면 저…… 살랑핑크라고 인사라도 드리고 싶

"이건 너무 부담스러울까?"

글을 쓰다가 나는 잠깐 손을 멈췄다. 좀 칭찬해 줬다고 너무 들이대는 느낌이려나.

망설이고 있는데 휴대폰이 울렸다.

시영이었다. 통화 버튼을 누르니 하이 톤의 목소리가 귀로 꽂혀 들어왔다.

"지수지수, 보고 싶어서 전화했지이. 집이야?"

"응, 집인데."

"집에서 지금 뭐 해?"

"지금?"

책상 위에 프릴 원피스를 입고 앉아 있는 나나를 보며 나는 느릿느릿 대답했다.

"으음, 뭐 하냐면, 응, 그냥 좀 잤어."

"뭐야, 주말인데 하루 종일 집에서 잔 거야? 심심하게. 내가 놀러 가 줄까?"

"우리 집에?"

나는 나도 모르게 방을 빙 둘러보았다. 잔꽃 무늬로 장식되어 있는 핑크색 벽지와 핑크색 침구, 4층 선반과 책상을 꽉 채우며 앉아 있는 수십 개의 인형들, 책상 위의 반짝거리는 보석함과 알록달록한 원단 상자들.

그러다가 문득 벽에 서 있는 전신 거울에 시선이 멎었다.

온통 핑크색의 소녀스러운 공간 속에서 회색 추리닝 차림의 한 아이가 눈을 둥그렇게 뜨고 의자에 구겨 앉아 있었다.

거울 속 내 모습이 새삼스레 충격적이라 나는 말을 잃었다. 공주 취향의 방에 남자아이처럼 보이는 나는 비위가 상할 정도로 이질적이었다. 내 침묵을 거절로 받아들인 시영이가 뾰로통한 목소리를 냈다.

"그냥 해 본 말이야. 하여간 정지수, 내가 몇 년을 너랑 친구

였는데 집엘 한 번 안 데려가지.”

“미안. 우리 집이 좀 어수선해서.”

“뭐, 할 수 없지. 괜찮아. 우리 지수는 비밀스러운 게 매력이라.”

시영이가 상큼한 목소리로 까르르 웃었다. 억지로 따라 웃으며 나는 거울 속의 나에게 등을 돌렸다.

커다란 키에 큼직한 이목구비, 4학년 때 이후로 늘 짧은 커트머리.

그래서 처음 보는 사람들은 대부분 나를 남자아이로 안다.

잘 알고 있다. 아이들이 내가 귀엽고 예쁜 것에 무관심할 거라고 생각하는 이유는, 내가 그런 것들과 도무지 어울리지 않기 때문이라는 것을 말이다.

그리고 아무도 모르고 있다. 내가 제일 잘하는 것은 체육이지만, 제일 좋아하는 건 그게 아니라는 것을.

사람들이 나에게 기대하는 매력에 내가 제일 좋아하는 것은 절대로 포함되지 않을 것이다. 왜냐하면 소름이 돋을 정도로 안 어울리니까.

오죽하면 나조차도 거울을 보고 깜짝 놀랐을까. 그저 이 방 안에 앉아 있을 뿐인데도, 당장 뛰쳐나가야 하나 어째야 하나 싶을 정도로 무시무시하게 안 어울렸다.

안희도

　오늘은 한 달에 한 번 있는 자리 바꾸기 날이었다.

　우리 반은 매달 첫째 주 수요일에 자리를 바꾼다. 선생님이 상자 안에 인원수만큼 번호표를 넣고 잘 흔들어 섞으면 순서대로 한 명씩 나와서 종이를 뽑았다.

　자리뿐만 아니라 한 달 동안 옆자리의 짝도 바뀌는 거라서 아이들은 은근히 긴장하고 기대하면서 교탁 위 상자에 손을 집어넣었다.

　번호표를 뽑은 아이들의 입에서 환호가 터져 나오기도 하고 불만의 목소리가 나오기도 했다. 폴짝거리며 좋아하는 아이들이 있는가 하면 시무룩한 표정으로 변한 아이들도 눈에 띄었다.

　처음 자리 뽑기를 하던 날, 내게는 자리 선택권이 없을 줄 알았다.

"저도 뽑아도 돼요?"

나와서 번호를 뽑으라는 담임 선생님의 말에 내가 눈을 크게 뜨고 질문하자 선생님이 오히려 이상하다는 듯 되물었다.

"넌 우리 반 학생 아니니?"

"그렇지만 제가 앞 번호를 뽑으면 어떡해요. 1, 2, 3번 같은 거요."

"그럼 앞자리에 앉아야지. 당연한 얘길 하고 있어."

"키 때문에 뒷자리 애들이 잘 안 보이면……."

나는 말끝을 흐렸다. 5학년까지 내 자리는 늘 맨 뒤였다.

"애들이 칠판이 잘 안 보일 테니까 지수는 제일 뒷자리에 앉자."

선생님들은 이제까지 항상 그렇게 내 자리를 직접 정해 주었다.

"뭐, 그건 그 번호 뽑은 애들이 한 달 동안 감수할 부분이지. 우리 교실이 좁은 것도 아니니까 요령껏 책상을 옆으로 옮겨서 수업 들으면 다 보여. 걱정하지 마라."

빙긋 웃으며 선생님이 뽑기 상자를 내 앞으로 내밀었다. 그날부터 자리 뽑는 날은 다른 아이들과 마찬가지로 내게도 기대되고 설레는 시간이 되었다.

"그다음 정지수."

드디어 선생님이 내 이름을 불렀다. 나는 자리에서 천천히 일어섰다. 앞자리의 시영이가 내 소매를 붙들었다.

"지수지수, 나 13번 뽑았으니까 꼭 14번 뽑아야 돼!"

"정지수, 4번 뽑아, 4번!"

"지수야, 25번 뽑아 줘! 나랑 짝하자!"

아직 짝이 없는 여자아이들이 뽑으러 나가는 내 뒤에 대고 크게 소리쳤다. 칠판에 크게 그려진 자리 배치도를 보니 절반 정도의 번호가 아직 이름이 없었다. 나는 상자에 손을 넣으며 생각했다. 남자애는 좀 불편하니까 여자 짝이었으면. 그리고 내 뒤에 앉을 애들에게 조금 미안하니까 웬만하면 뒷자리 번호로. 이왕이면 시영이랑 가까운 자리면 좋겠는데.

"정지수 19번."

내 손에 들린 번호표를 선생님이 크게 읽었다. 곳곳에서 아쉬움의 목소리가 났다. 칠판 앞의 반장이 19번 자리에다가 내 이름을 적었다. 19번이면 내 짝은 20번. 20번은 누구지? 아직 빈자리인가?

칠판을 확인한 나는 20번 자리에 쓰여 있는 이름을 보고 크게 실망했다.

안희도.

아, 하필이면 안희도라니. 낙담한 기색을 감추지 못하고 자리로 돌아가는데 옆 분단의 안희도와 눈이 마주쳤다.

"어휴."

나만큼이나 기분이 별로로 보이는 희도가 고개를 홱 돌렸다. 앞으로 한 달간 아주 재미없을 것 같은 예감이 들었다.

안희도는 우리 반에서 왕따까지는 아니어도 묘하게 겉도는 아이였다. 일단 보통 남자아이들과 관심거리 자체가 달랐다.

"야, 오늘 축구할 사람 모여!"

이런 식으로 즉석에서 만들어지는 축구 시합에 낀 적도 없었다.

"이따가 끝나고 같이 피시방 갈 사람!"

남자애들이랑 게임하러 같이 간 적도 없었다. 휴대폰 게임이나 예능 프로도 잘 모르는 것 같았다. 남자애들은 보통 이렇게 우르르 몰려다니면서 친해지는 터라 어느 순간 안희도는 반에서 홀로 남겨지게 되었다.

그렇다고 기가 죽거나 주눅 드는 성격은 아니었다. 특별히 친한 친구가 없어도 그런 것에 그다지 개의치 않는 것 같았다. 굳이 누구에게 붙어 있으려고, 억지로 말을 붙이려고 애쓰지도 않았다. 누가 웃기면 크게 웃고, 시비를 걸면 화를 내고, 뭔가를 물어보면 대답했다. 딱히 튀는 외모도 아닌 안희도는, 우리 반에서 있는 듯 없는 듯한 존재였다. 나도 물론 그 일이 있기 전에는 안희도에게 아무 감정도 없었다.

그건 약 이 주일 전의 일이었다.

"안희도 쟤 걷는 거 되게 이상하지 않냐?"

2교시가 끝난 쉬는 시간에 안희도가 뒷문으로 나가는 걸 보던 현수가 친구들에게 쑥덕거렸다. 현수 앞자리의 나는 아무 생각 없이 남자아이들의 대화에 귀를 기울였다.

"걷는 거? 어떻게 걷는데?"

"나중에 봐 봐. 웃겨. 사뿐사뿐한 느낌? 여하튼 이상하게 거슬려."

"뭐야. 진짜야?"

애들이 킥킥 웃어 댔다. 이번에는 현수 옆의 호진이가 입을 열었다.

"야, 야, 2반 정식이가 해 준 얘긴데 안희도 진짜로 좀 이상해."

"왜?"

"정식이가 4학년 때 안희도랑 베프였대. 지금은 서로 말도 안 하지만. 왜 그러는지 알아?"

안희도에게 관심은 전혀 없지만, 누군가의 숨겨진 뒷얘기는 항상 호기심을 자극한다. 그게 악의적인 빛깔을 띨수록 더욱 그렇다. 나는 아예 몸을 뒤로 돌리고 호진이의 이야기를 들었다. 듣는 귀가 많아진 걸 의식한 호진이가 과장된 목소리로 말을 이었다.

"글쎄, 여자 옷을 입고 다니는 걸 봤대. 완전 변태지? 그 이후 개 쳐다도 안 본대."

"여자 옷? 안희도가 치마를 입고 다닌다고?"

"에이, 뭐야. 그게 말이 되냐?"

"고호진 또 뻥친다."

애들이 말도 안 된다며 한마디씩 하자 호진이가 흥분해서 목소리를 높였다.

"야, 정식이가 직접 두 눈으로 봤다고 했다니까. 아까 현수가 걷는 것도 사뿐거린댔잖아. 변태 맞을 수도 있어."

"아, 뭐야. 기분 나빠. 혹시 그거 아니야? 남자 막 좋아하고 그런 거?"

누군가 던진 말에 아이들이 까르르 웃었다. 뒤늦게 자리로 돌아와서 이야기를 놓친 시영이가 내 팔을 꾹꾹 눌렀다.

"지수지수, 방금 애들이 무슨 말 한 거야? 누가 변태래?"

"그게……."

나는 피식 웃으며 시영이에게 그대로 말을 옮겼다.

"안희도. 안희도가 변태라는데? 남자도 좋아하고."

"뭐?"

되묻는 목소리는 시영이 쪽이 아니라 그 반대쪽에서 들렸다. 고개를 돌린 나는 아차 싶어 입술을 물었다.

언제 들어왔는지 안희도가 내 옆에 사나운 눈빛을 하고 서 있었다. 안희도가 재차 물었다.

"뭔 말이야, 그건?"

"아."

난감해진 나는 뒤에 앉은 호진이와 아이들을 힐끗 바라보았다. 호진이가 얼른 시선을 다른 곳으로 피했다. 다른 아이들도 난처한 표정으로 딴청을 부리고 있었다. '호진이가 그러던데.'라고 말하려다가 나는 그냥 입을 다물었다. 그건 쪼르르 일러바치는 것 같아 별로였다.

"뭐냐고, 정지수."

키가 큰 편이 아닌 안희도는 서 있어도 앉아 있는 나와 눈높이가 비슷했다. 나는 일부로 턱을 살짝 들고 아무렇지도 않은 듯 대꾸했다.

"그냥 소문 얘기한 거야. 기분 나빴으면 미안."

안희도가 고개를 비스듬하게 돌리며 숨을 하 내쉬었다.

"기분 나빴으면 미안? 너 진짜 어이없다."

"사과했잖아. 그리고……"

'그런 말도 안 되는 소문 아무도 안 믿어.'

그렇게 말하려고 할 때였다.

안희도는 자기 자리로 걸어가며 내게 툭 말을 내뱉었다.

"진짜 변태는 너 아니냐?"

"!"

"남자도 아니고 여자도 아닌 게 센 척하긴. 재수 없어."

말이 그렇게 칼이 되어 꽂힌 적은 처음이었다. 안희도의 말이 박힌 곳에서 피가 솟는 느낌이었다. 시영이가 안희도에게 욕을 하며 내게 팔짱을 껴 왔다. 뒷자리의 고호진은 내 등을 툭툭 치며 씩 웃었다.

"정지수, 의리!"

아무 말도 나오지가 않았다.

그날 이후로 안희도와 말을 섞은 적은 단 한 번도 없었다. 앞으로도 계속 얽히고 싶지 않았는데, 이제 옆자리에서 무려 한 달이나 버텨야 한다.

나는 안희도 옆으로 자리를 옮기면서 짧게 한숨을 쉬었다. 안희도도 보란 듯이 몸을 내 반대쪽으로 틀었다. 이럴 거면 자리 뽑기 안 하고 맨 뒤에 붙박이로 앉는 게 나을 뻔했다. 뒤에 앉은 애들 불편할 테니 그냥 맨 뒤로 가겠다고 말씀드려 볼까.

"너희 손으로 직접 뽑은 자리니까 바꿔 달라는 말은 절대로 안 된다."

내 마음을 읽은 듯한 선생님의 단호한 말에 나는 조용히 새 자리에 가방을 걸었다.

한 달이 금방 지나가 버리기를 바랄 수밖에 없었다.

최악의 짝

우리 반은 다른 반에 비해 짝끼리 하는 활동이 특히 많았다.

그냥 마음 맞는 애들끼리 알아서 팀을 짜면 좋을 텐데, 선생님은 항상 짝과 함께 활동하는 것을 원칙으로 내세웠다. 성별이 달라도, 성격이 달라도, 그리고 키가 달라도 말이다.

"정지수, 안희도 팀은 완전 남녀가 바뀌었네."

우리 둘이 나란히 선 모습을 보며 아이들이 킥킥거렸다.

"체격 차이 봐. 정지수가 안희도 업고 해도 되겠어."

모둠 발표를 하든, 합동 미술을 하든, 아니면 지금처럼 배구공 리시브 연습을 하든 짝끼리 조를 만드는 선생님 때문에 안희도와 나는 어쩔 수 없이 항상 나란히 같이 섰다. 남녀 합쳐 가장 키가 큰 나와 남자치고 선이 가늘고 몸집이 작은 안희도는 눈에 확

띄었다. 지나가던 다른 반 애들도 발을 멈추고 구경할 정도였다.

"저 조는 정지수가 남자라고 해야겠다. 완전 웃겨."

"정지수, 살살 해 줘."

배구 리시브 연습을 위해 안희도와 마주 보고 선 나는 아이들의 웃음소리에 입을 꾹 다물었다.

최악의 짝이야. 같이 있으니까 서로의 단점이 더 튀잖아.

체격이 작은 안희도와 같이 있으니 내가 더 거인 같아 보였다. 안희도도 나랑 같이 있으면 혼자 있을 때보다 더 꼬마 같았다.

아, 얼른 짝 바꿨으면. 얘랑은 처음부터 끝까지 안 맞아.

나는 울적한 마음으로 안희도를 향해 배구공을 리시브했다. 지나치게 힘이 들어갔는지 공이 안희도의 머리 너머로 휙 날아갔다.

"너 지금 힘세다고 자랑해? 네가 주워 와."

저 멀리 날아가서 떨어진 공을 보며 안희도가 차갑게 말했다. 나도 지지 않고 대꾸했다.

"못 받은 네 잘못이지. 내가 왜 주워 와? 네가 가져와."

"저걸 어떻게 받아넘기냐고! 네가 잘못 보낸 거잖아."

"네가 작아서 못 받은 건 아니고? 어디서 남 탓이야."

"무식하게 힘만 세서. 어휴, 됐다, 됐어."

"너 말 다 했어?"

공을 주울 생각은 안 하고 으르렁거리는 우리를 향해 선생님이 호루라기를 삑 불었다.

"정지수, 안희도! 너희 똑바로 안 해?"

쉬는 시간마다 내 자리로 놀러 오는 친구들 때문에도 안희도와 다툼이 종종 있었다. 특히 안희도가 자리를 비우면 얼른 그자리에 앉아서 수업 종이 울릴 때까지 떠나지를 않는 시영이 때문이었다.

"이제 비켜. 내 자리잖아."

안희도가 항의하면 시영이는 특유의 귀여운 콧소리를 내며 자리에서 버텼다.

"희도야아, 나 지수랑 할 얘기 있단 말이야. 너도 잠깐 다른데 갔다가 와."

"싫어. 내 자리에 앉을 거야."

"넌 친구도 없어? 그동안 너도 친구랑 얘기하고 오면 되잖아."

"……."

"맞다. 너 우리 반에 친한 애 없지. 그럼 다른 반에 잠시 가서 놀다 와. 응? 응?"

듣는 사람 기분을 생각 안 하고 나오는 대로 말하는 게 시영이의 좋지 않은 버릇이긴 했다. 그런데 안희도는 시영이 앞에서는 아무 말 못 하다가 내 앞에서 기분 나쁜 티를 팍팍 냈다.

"네 친구들, 맨날 내 자리에 앉는 거 민폐 아니냐?"

"그래서 뭐 어쩌라고. 내가 오라고 한 것도 아니고."

"네가 걔네 자리로 가든가. 한두 번도 아니고, 진짜 예의 없게."

"시영이에게 그렇게 말하지 그랬어. 아깐 말 못 하다가 왜 가고 나서 난리야?"

오늘도 마찬가지로 이런 식이었다.

처음에는 작은 소리로 티격태격하다 소리가 점점 커졌다. 선생님이 화난 목소리로 우리 둘을 자리에서 세웠다.

"정지수, 안희도, 일어나! 너희 지금 뭐 하는 거야? 수업 시간에도 싸워?"

안희도와 나는 서로를 흘겨보며 입을 꾹 다물었다.

"이게 몇 번째야? 안 되겠네. 너희 둘은 오늘 남아서 교실 정리하고 가."

"네?"

"안 돼요, 선생님!"

울상이 된 우리 둘을 향해 선생님이 엄하게 말했다.

"자꾸만 싸우면 사이좋게 지낼 때까지 계속 너희는 짝이다. 둘다 알았니?"

으악, 이건 어떤 벌보다 더 끔찍한 소리였다. 안희도가 재빨리 대답했다.

"죄송해요. 이제 안 그럴게요. 그건 절대 싫어요."

나도 지지 않고 말했다.

"누가 할 소릴! 선생님, 그런 말씀 마세요. 진짜 잘못했어요."

선생님은 한숨을 쉬고 아이들은 까르르 웃었다. 안희도와 나는 눈이 마주치자마자 얼굴을 찌푸리며 얼른 다른 곳으로 시선을 돌려 버렸다.

선생님이 안희도와 내게 내민 것은 아이들이 미술 시간에 그린 그림들이었다.

"교실 뒤 게시판에 전부 붙이고, 책상 줄도 맞춰 놓고 가."

대충 반씩 나누어 준 후 선생님은 교실을 나서며 우리 둘을 휙 쳐다보았다.

"알지? 사이좋게. 대화도 하면서. 끝내면 바로 집에 가도 좋다."

선생님이 나가자마자 안희도와 나는 어느 정도 거리를 두고 그림들을 붙이기 시작했다. 키 차이가 있다 보니 위쪽은 자연스럽게 내가 맡고, 안희도는 아래쪽에 붙였다. 서로 한마디도 나누지 않았다.

하다 보니 내가 안희도보다 훨씬 빠르게 끝났다. 나는 내 자리로 가서 가방을 메고 아직 못 끝낸 안희도에게 말을 걸었다.

"내 분량은 끝. 난 집에 간다."

안희도가 내 쪽으로 고개를 돌렸다.

"어딜 가? 책상 줄도 맞추고 가라셨잖아."

"아, 맞다."

만약 안희도가 아니라 다른 친구였다면, 책상 줄 맞추기 따위쯤이야 빨리 끝낸 내가 후딱 해 버렸을 터였다. 그러나 이상하게 안희도에게는 그렇게 해 주기 싫었다.

"네 키 안 닿는 곳은 내가 다 붙여 줬으니까 책상 줄 정도는 네가 맞추고 가."

나도 모르게 심술궂은 소리가 나왔다. 내 시비조의 말에 파르르 열을 내며 받아칠 줄 알았는데 예상과 다르게 안희도는 손을 휘휘 내저었다.

"가라. 가."

"어?"

"그냥 가라고. 내가 할 테니까."

말은 그렇게 못되게 했으나 책상 정리를 하려 가방을 내려놓던 참이었다. 생각지 못한 안희도의 반응에 당황해 서 있으니, 안희도가 짜증 섞인 목소리로 다시 말을 이었다.

"가라니까? 너랑 같이 하는 거보다 혼자 하는 게 낫다고."

먼저 시작한 게 나라는 걸 알면서도 가시 돋친 말투에 확 열이 올랐다.

"잘됐네. 혼자서 잘해 봐."

나는 가방을 다시 메고 비아냥대며 교실을 나갔다. 계단을 내려가면서 이상하게 씁쓸한 마음이 들었다. 다른 친구들에게는 마음 넓고 따뜻하다는 말을 듣는 나인데 왜 안희도에게는 이렇게 못되게 변하는지 몰랐다.

"안 맞으니까 그렇지. 자리 바꾸는 날이나 빨리 와라."

중얼거리며 교문을 나서다가 나는 걸음을 우뚝 멈추었다.

"맞다, 휴대폰!"

책상 서랍 속에 넣어 두었던 걸 잊고 있었다.

오늘은 이래저래 꼬이는 날이라고 생각하며 나는 급하게 몸을 돌려 다시 교실로 달리기 시작했다.

교실 문을 열려다가 창문으로 보이는 광경에 나는 눈을 크게 떴다.

책상과 책상 위를 새처럼 사뿐 뛰는 그림자가 있었다.

그 그림자가 몸을 조금 앞으로 내밀어 다리를 앞으로 강하게 차올린 후 다른 다리로 밀어내며 공중으로 몸을 던졌다.

안희도였다.

그 애의 양팔과 다리가 공중에서 길게 뻗더니, 순간 무중력 상태처럼 떴다. 그러다가 앞쪽의 책상 위로 가볍게 착지. 다음 순간 왼발을 뒤로 뻗고 오른팔을 앞으로 펼치며 뛰어오른 후 다리를 모은 채 무릎을 구부렸다. 그리고 어느덧 다시 다른 책상 위로 사붓하게 뛰어올라 있었다.

나는 퍼뜩 정신이 들었다. 지금 내가 뭐 하는 거지? 이러면 마치 훔쳐보는 것 같잖아. 나는 일부러 문손잡이를 한 번 잡아당겼다. 덜컹하는 문소리에 안희도가 책상에서 바닥으로 새처럼 내려앉는 모습이 창문에 비쳤다.

교실 문을 열고 들어가자, 안희도가 나의 눈을 마주쳐 왔다.

막 도착한 것처럼, 그래서 방금까지의 모습을 전혀 보지 못한 것처럼 나는 무뚝뚝한 목소리로 말했다.

"휴대폰 놓고 가서 다시 왔다. 귀찮게."

안희도는 말없이 나를 바라보았다. 나는 자리로 성큼성큼 걸어가 서랍에서 휴대폰을 꺼낸 뒤 빠르게 교실 밖으로 나갔다.

복도 끝의 계단에 도착해서야 나는 슬쩍 안희도가 있는 교실 쪽을 뒤돌아보았다.

"진짜 이상한 애야."

아무도 없는 교실에서 혼자 새처럼 날아다니지를 않나. 그런데 더 이상한 건, 아까 교실에서의 그 모습은 마치……

"흠, 모르겠다."

나는 고개를 휘휘 저은 후 계단을 내려가기 시작했다. 알 게 뭐람. 안희도가 교실에서 춤을 추든, 노래를 하든, 공중제비를 넘든 나랑은 전혀 상관없는 일이었다.

쪽지

나는 고개를 들고 눈을 비볐다.

한 시간 넘게 자수 스티치를 하고 있으려니 눈이 뻑뻑했다. 도중에 몇 번이나 풀어내고 다시 했는지 몰랐다.

리넨 원단을 겉감으로 하고 안감은 면 스트라이프로 할 생각이었다. 치마가 팔랑거리면서 시원한 줄무늬가 보이면 예쁠 듯해서 골랐다. 거기까지는 괜찮았는데, 치마에 자수로 포인트를 주는 작업이 문제였다.

"잘 안 되네."

물결과 소라 무늬를 번갈아 넣고 싶은데 생각만큼 가지런하지가 않았다. 나는 잠시 손을 놓고 한숨을 쉬었다.

"카페나 들어가 볼까?"

휴대폰으로 '프리티 돌 러블리 돌' 카페에 접속하는데 마침 새 댓글이 올라왔다는 알림이 떴다. 나는 서둘러 댓글이 달린 내 게시물을 검색해서 들어갔다. 어제 카페에 올린 리본 장식 빨강 원피스였다.

어머, 이 원피스 제가 갖고 싶을 정도로 귀여워요.
리본 배색도 사랑스럽고 스팽글 테이프 처리도 아주 깔끔한데요?
살랑핑크님, 갈수록 실력이 일취월장이네요. 요새 거의 이틀에 한 번꼴로 옷을 만들어 올리는 것 같은데 멋져요. 파이팅입니다.

"어떡해. 도리안님이 또 달아 주셨어!"
피곤했던 게 싹 가시는 기분이었다. 게다가 "이틀에 한 번꼴로 옷을 만들어 올리는 것 같은데."라고 말해 주었다. 즉, 내가 만든 인형 옷들을 전부 봐 주고 있다는 얘기인 것이다. 나는 웃음이 실실 새어 나오는 입을 틀어막고 댓글을 몇 번이나 곱씹어 읽었다.
안희도와 짝이 된 이후, 그 스트레스를 인형 옷을 만들며 푸는 나날이었다. 속이 부글부글할 때 좋아하는 천을 잡고 바느질을 하면 신기하게 마음이 가라앉고 잡생각이 사라졌다. 그러고 보면 요새 손도 빨라지고 실력도 올라간 건 순전히 안희도 덕이라고 할 수 있겠다.
"딱 하나 발견했네. 안희도랑 짝이 돼서 좋은 점."

콧노래를 흥얼거리는데 다시 댓글이 달렸다는 알림이 떴다. 댓글을 읽고서, 나는 의자에서 벌떡 일어섰다.

아, 그리고 개인적으로 할 얘기가 있어 쪽지를 보냈는데 확인해 줄래요?

"쪽지? 나한테 쪽지?"

믿기지가 않았다. 지금 도리안님이 나한테 개인적으로 쪽지를 보냈다는 거지? 정말이지? 얼떨떨한 기분으로 카페의 쪽지함을 클릭하자 '도리안'이라는 이름으로 정말 쪽지가 와 있었다!

살랑핑크님.
이렇게 쪽지 보내서 깜짝 놀랐죠?
아직 어리지만 센스도 좋고 성실한 살랑핑크님, 옷 만들어 올리는 거 늘 관심 있게 보고 있답니다.
쪽지를 보낸 이유는요, 지난번에 만들어 올린 꽃무늬 에이프런을 보고 깜짝 놀라서예요. 베란다를 배경으로 찍어 올렸잖아요.
베란다 뒤의 건물들이 너무나 낯익더라고요.
무슨 말인지 알겠어요? 저 얼마 전까지 그 동네에 살았답니다.
지금은 이사했지만 거리는 거기에서 그다지 멀지 않아요.
공방도 그쪽에서 가깝고요.

"으악!"

나는 쪽지를 읽다 말고 크게 소리를 지르며 제자리에서 펄쩍 펄쩍 뛰었다. 깜짝 놀란 엄마가 방문을 벌컥 열더니 휴대폰을 붙들고 방방 뛰는 나를 한심하게 바라보았다.

"내가 못 산다. 허구한 날 방에만 처박혀서……. 방 꼴은 이게 또 뭐고."

"엄마, 잠깐만 조용히 해 봐."

나는 발을 동동 구르며 쪽지를 마저 읽었다.

이게 웬 오지랖인가 하겠네요. 사실 오지랖 맞아요.
늘 열심히 하는 핑크님이 예뻐서, 이런 공통분모에 반갑게
쪽지까지 보내네요.
그래서 말인데, 제 공방의 남는 원단이나 부자재를 핑크님이
필요하다면 주고 싶어요. 가까우니까 아무 때나 연락해서
부담 없이 받아 가면 돼요. 원한다면 쪽지 주세요.

나는 입을 벌리고 멍하니 있었다. 얼떨떨한 기분으로 쪽지를 몇 번이나 다시 읽어 보았다.

"설마 해킹 같은 건 아니겠지?"

믿어지지 않는 심정으로 나는 중얼거렸다.

도리안님은 내 롤 모델이나 마찬가지였다.

사실 처음부터 인형 옷 만들기에 관심이 있었던 것은 아니다. 귀여운 물건 모으는 걸 좋아해서 인형도 꽤나 구입했지만 옷을 직접 만들어 입혀 볼 생각은 하지도 못했다.

발단이 된 것은 검색 중 우연히 들른 도리안님의 블로그 때문이었다. 눈이 돌아갈 정도로 귀여운 인형과 소품, 드레스를 직접 손으로 만들었다는 것에 나는 충격을 받았다. 블로그에는 도리안님이 초보자를 위한 강좌도 함께 포스팅해 놓았는데 이게 내 인형 덕질, 그리고 도리안님 팬질의 시작이었다.

처음에는 호기심으로 따라 하던 게 어느덧 열중하게 되어 매일매일 블로그에 출석 도장을 찍고, 도리안님이 올린 유튜브 강좌를 수십 번 복습하고, 도리안님이 활동하고 있는 카페에 따라 가입하고, 올리는 글마다 댓글을 열심히 달고.

"돌 페스티벌까지 찾아갔는데……."

비밀스런 취미라서 같이 갈 친구도 없었다. 모자를 눌러쓰고 버스를 두 번이나 갈아타고 도착한 행사장에서 나는 도리안님이 얼마나 유명인인지 실감했다. 문을 열자마자 도리안님의 판매 부스 앞에 어마어마한 줄이 늘어섰고 순식간에 인형들과 의상들이 다 팔렸다. 돈 없는 학생인 나는 줄 설 엄두도 못 내고 그냥 먼발치에서 구경만 했다. 자그마한 체구에 눈매가 가느다란 도리안님에게 인사라도 하고 싶었지만 정신없는 와중에 걸리적거릴까 봐 관뒀다.

그런데 그 도리안님이 이제 내 닉네임도 기억해 주고 심지어 개인적으로 쪽지를 보내오다니. 나는 성공한 팬이 틀림없었다.

"팬질을 오래 하면 이렇게 보상받는구나."

의자에 기대서 나는 두 팔을 쭉 폈다. 아직 서툰 솜씨고 막 입문한 초보지만 목표는 늘 '도리안님처럼'이었다. 작고 귀여운 게 좋았다. 내겐 어울리지 않는 걸 알지만 그래도 사랑스러운 걸 보면 행복했다. 그 예쁜 것들이 내 손끝에서 만들어지는 순간은 마법 같았다.

좋아하는 것을 직접 만들어 내는 기쁨은 달리기에서 일 등을 한 순간보다 훨씬 더, 내게 가치 있고 짜릿했다.

> 도리안님! 저 꼭 받고 싶어요! 그리고 너무너무 기뻐요.
> 원단이나 부자재를 받게 돼서 기쁜 게 아니라요…….

"동경하는 사람에게 아주 조금 인정받은 기분이라서요. 그리고 좋아하는 걸 계속해도 된다고 허락받은 기분이라서요."

정말로 그게 제일 기뻤다.

말하지 마

만나기로 한 한터 공원의 돌탑 앞에서 나는 손목시계를 확인해 보았다.

약속 시간은 4시. 지금은 3시 55분. 이제 오 분 남았다.

나는 손에 든 빵 봉지를 들여다보았다. 한 시간이나 일찍 나와서 사는 바람에 갓 구운 크루아상이 이미 다 식어 있었다. 이 집 빵은 따끈할 때 먹어야 맛있는데. 나는 아쉬운 마음으로 봉지를 잘 여몄다. 너무 일찍 나온 내 탓이었다. 도리안님이 그래도 맛있게 먹어 줬으면 좋겠다고 생각했다.

약속은 당황스러울 정도로 빠르게 진행되었다. 꼭 받고 싶다고 쪽지를 보내니 얼마 지나지 않아 도리안님에게 바로 다시 답이 왔다.

그럼, 이틀 뒤인 토요일 4시 어때요? 공방으로 초대하고 싶지만
지금은 작업하고 있는 것 때문에 엉망이네요.
그래서 핑크님 동네의 한터 공원에서 잠깐 만나 건네줬으면
하는데.

이렇게 금방 만남이 이루어질 줄은 몰랐다. 어, 하는 사이에
날짜와 장소가 정해지고 서로 전화번호까지 교환하게 되었다.
  그리고 오늘이 바로 약속 당일 5분 전.
  나는 분홍색 야구 모자를 다시 고쳐 썼다. 분홍색 후드 티 옷
매무새도 다시 잘 다듬었다.

도리안님이 한눈에 알아볼 수 있도록 제 닉네임대로 핑크색 옷을
입고 갈게요.

옷으로 미리 알아볼 수 있게 해 놓으면 '제가 살랑핑크인데요.'
라고 했을 때 화들짝 놀라지 않을 거 같아서였다. 살랑핑크라는
닉네임 때문에 도리안님은 날 자그맣고 귀여운 이미지로 생각하
고 있을 터였다.
  난 도리안님 얼굴을 알지만 도리안님은 날 처음 보니까 분명
히 놀라겠지.
  토요일 오후 4시의 공원은 사람들이 꽤 많았다. 나처럼 누군

가를 기다리는 사람, 개와 산책하는 사람, 혼자서 가볍게 달리는 사람. 나는 천천히 주변을 둘러보았다. 아직 도리안님은 보이지 않았다. 내가 아는 다른 얼굴들도 보이지 않았다. 다행이었다. 살랑핑크라고 소개하는 내 모습을 우리 학교 애들 중 누가 보기라도 하면.

우리 동네로 약속을 잡았을 때 가장 걱정됐던 게 그거였는데 다행히 아는 얼굴은 아무도 없……

"헉!"

나는 크게 숨을 들이켰다.

안희도였다! 안희도가 보였다! 공원 입구에서 커다란 가방을 메고 유유히 걸어 들어오는 저 남자애는 안희도가 틀림없었다!

나는 허둥지둥 모자를 푹 눌러쓰고 돌탑 반대편으로 몸을 돌렸다. 이렇게 하면 적어도 얼굴은 보이지 않을 거였다. 아, 하필이면 이 시간, 이 장소에 안희도. 나는 입술을 질끈 물었다.

이거 봐. 얘랑은 진짜 악연이다. 악연.

안희도가 얼른 지나가기만을 기다렸다. 빵 봉지를 꼭 껴안고 돌탑 뒤쪽에 서서 고개를 숙인 채 나는 꼼짝도 하지 않았다. 핑크색 옷을 입었다고 미리 얘기했으니 도리안님이 오면 내 옷을 보고 말을 걸어 줄 거였다. 그 전에 저 자식이 빨리 지나가야 하는데.

얼마나 시간이 지났을까. 누군가가 손가락으로 내 어깨를 톡

톡 두드렸다.

"혹시…… 살랑핑크님?"

"아, 네, 저예요."

나는 반갑게 고개를 들었다. 그리고 내 눈앞의 얼굴을 확인하자마자 순식간에 얼음이 되었다. 정말로 머리부터 발끝까지 차갑게 얼어붙었다.

내게 말을 건 목소리 역시 나와 눈이 마주치자 경악으로 얼굴이 일그러졌다.

"뭐야, 정지수. 네가 살랑핑크야? 아, 미친!"

내 손에서 빵 봉지가 툭 떨어졌다.

벤치에 사이를 두고 떨어져 앉은 안희도와 나 사이에 참기 어려운 침묵이 흘렀다.

안희도는 짧게 한숨을 쉬더니 가방 안에서 커다란 종이 가방을 꺼냈다.

"누나가 너한테 문자 메시지 보냈다고 하던데. 갑자기 급한 손님이 와서 동생 대신 보낸다고. 휴대폰 안 보냐?"

나는 말없이 주먹만 쥐었다 폈다 했다.

"여하튼 빨리 받아. 무거워 죽는 줄 알았네."

신경질적인 재촉에 나는 마지못해 손을 내밀었다. 종이 가방을 건네며 희도가 차갑게 비웃었다.

"그나저나 네가 살랑핑크인지 머시긴지라니 어이가 없다."

"……"

"너 우리 누나처럼 막 인형 만들고, 옷 만들고, 머리에 레이스 달고 그러는 거야?"

"……"

"헐, 나 완전 소름. 진심 안 어울리는 건 알아, 너?"

"……"

"암튼 난 전달했다. 받았다고 누나한테 얘기해."

안희도가 가방을 다시 메며 벤치에서 일어섰다. 멀어지는 기척이 났다. 그제야 나는 숨을 천천히 내뱉었다. 손바닥에 손톱을 박으며 참았던 눈물을 주르륵 쏟았다. 모자를 푹 눌러써서 다행이었다. 엉망진창인 내 얼굴이 아무에게도 보이지 않을 테니까.

그렇게 고개를 숙이고 있는데 다시 누군가 내 앞으로 와 섰다. 누군지 안 봐도 뻔해서 나는 입술을 깨물었다.

"야! 너 우냐?"

아, 하느님. 정말로 정말로 저는 저 새끼가 싫습니다.

"정지수. 너 왜 울어?"

아까와는 톤이 달라진, 명백하게 당황해 하는 목소리. '제발 닥치고 네 갈 길 가.'라고 말하고 싶었지만 목이 꽉 막힌 듯이 아무 말도 나오지가 않았다.

"왜 우냐니까?"

"꺼…… 으, 흑……."

'꺼져.'라고 말하고 싶었는데 트림하듯 꺽꺽대는 소리만 입에
서 흘러나왔다. 정말 굴욕이다. 세상에서 제일 싫은 애 앞에서
이렇게 추하고 약한 모습을 보이다니. 그야말로 굴욕이다. 고소
하다고 미친 듯이 비웃겠지.

그러나 안희도는 가만히 내 옆에 다시 앉았다. 달래지도 비웃
지도 않고, 울음이 잦아들어 멎을 때까지 그렇게 말없이 앉아만
있었다.

"우리 누나 이름은 안리도야. 이름을 거꾸로 한 게 누나 닉네
임."

울어서 멍한 머리로 안희도의 말을 들었다.

"네가 살랑핑크인 줄 알았으면 안 나왔을 거야. 누나도 나 안
보냈을 거고. 혹시 오해하나 싶어 말하는 건데 정말로 넌 줄 몰
랐어."

"알았어."

머리를 흔들어 안희도의 말을 끊었다.

"아무튼 미안해."

"몰랐다면서 뭐가 미안한데."

"아까 말 심하게 한 거 같아서."

"됐어. 네가 틀린 말 한 것도 아니고. 나 이제 집에 갈래."

얼른 대화를 끝내 버리고 싶었지만 안희도가 다시 말을 이었다.

"아냐, 진짜 미안해. 안 어울린다는 둥 그런 말 할 자격 없는데."

힐끔 본 안희도의 얼굴이 진지하게 미안해하는 표정이라 마음이 조금 풀렸다.

"미안하면 한 가지만 약속해."

"뭐?"

"반 애들한테는 말하지 마. 나 여기서 만난 거나 내 닉네임이나……. 그리고 내 취미."

내 말에 안희도가 당연하다는 듯이 고개를 끄덕였다.

"내가 그런 말 하겠냐? 그런데 아무도 몰라?"

"너도 그랬잖아. 소름 돋게 안 어울린다고."

"아니, 내가 언제……. 어휴, 미안."

안희도는 기어 들어가는 목소리로 다시 사과했다. 나는 딱딱하게 덧붙였다.

"아, 그리고 나 운 것도 잊어라. 말도 꺼내지 마."

"그런데 왜 운 거야?"

"말도 꺼내지 말라니까!"

"아, 알았어."

나도 알 수가 없었다. 그 순간 왜 눈물이 쏟아졌는지.

설레며 기대했던 도리안님과의 만남이 완전히 엉망이 되어서인지, 소중하게 생각해 온 내 영역을 안희도가 흙발로 짓밟은 기분이 들어서인지, 대놓고 소름 끼치게 안 어울린다는 말을 들어서인지.

분명한 것은 별것도 아닌 일에 눈물을 쏟았고 그걸 하필 안희도에게 보였다는 거였다. 어쩐지 약점을 잡힌 듯한 기분에 머리를 쥐어뜯고 싶었다.

"그래도 다행인 게 수많은 내 장점 중 제일 큰 장점이 뭔지 알아?"

뜬금없이 던지는 안희도의 질문에 나는 퉁명스레 물었다.

"뭔데, 그게?"

"바로 입 무거운 거."

안희도가 씩 웃었다. 나는 조금 더, 마음이 풀렸다.

온도의 변화

그 사건 이후 희도와 나 사이는 확실히 달라졌다.

"빨리 받아."

희도가 책상 밑으로 꾸러미를 불쑥 내밀었다. 나는 냉큼 받아서 가방에 얼른 넣었다.

"도리안님은 뭘 이렇게 자꾸 주신대. 죄송하게."

"으, 내 앞에서 닉네임으로 누나 부르지 마."

"도리안님을 도리안님으로 부르는 게 어때서."

"나도 너 닉네임으로 불러 볼까?"

"하지 마."

"사, 살랑피……."

"야, 하지 말라고! 누가 듣는다고!"

내가 주위를 살피며 희도의 발을 꾹 밟았다. 희도가 엄살을 피우며 고개를 수그렸다.

"걱정 마. 차마 입에서 나오질 않는다. 어휴, 닉네임 꼬락서니가 그게 뭐냐?"

여느 때처럼 얄미운 말투였지만 웃음기가 묻어 있었다. 나 역시 피식 웃음이 새어 나왔다.

도리안님 대신 희도가 나왔던 그 최악의 날, 희도에게 자초지종을 들은 도리안님에게 전화가 왔다. 동생과 같은 반일 줄은 상상도 못 했다며 몇 번이나 사과를 하며 미안해하는데 팬이 무슨 힘이 있겠는가. 목소리를 듣는 순간 나는 이미 마음이 녹아 있었다.

그 이후 도리안님은 내게 희도를 통해서 갖가지 원단이나 부자재를 전달해 주기 시작했다.

"완전 심부름꾼이야, 나."

툴툴거리면서도 희도는 성실하게 임무를 수행했다. 아이들이 주위에 없을 때를 골라서 책상 밑으로 꾸러미를 전달하고, 실수로라도 내 취미에 대해 먼저 말을 꺼내지 않았다. 처음에는 묵묵히 전달만 해 주다가 나중에는 가끔씩 무심하게 말을 덧붙이기도 했다.

"누나가 오늘 챙겨 준 천은 색이 괜찮은 거 같아."라든가, "오늘 건 진짜 물걸레로 쓰기 딱이더라. 심부름하는 내가 다 미안할

정도.”라는 식으로.

툭툭 던지는 말이 웃기지만 그게 또 영 아닌 말들은 아니어서 그에 대해 조금씩 얘기를 주고받다 보니 어느샌가 희도와 나 사이의 온도의 색깔도 눈에 띄게 변해 있었다. 예전에는 냉랭하고 차가운 푸른색이었다면 지금은…….

“맞다. 누나가 너 내일 간식 먹으러 공방으로 놀러 오라더라.”

“진짜? 아, 그런데 너 또 거기 오면 안 갈래.”

“야! 내가 거기 낄 거 같냐? 진짜 날 뭘로 보고. 둘이서 뭐 하고 놀지 뻔한데 내가 거길 왜?”

“근데 저번에 왔잖아. 이번에는 진짜 오면 안 돼. 절대로.”

“와, 누나한테 전해 줄 게 있어서 가는 거거든? 착각 좀 그만하시지.”

지금은 뭐 조금 무난해진 초록색 정도.

안희도를 친구라는 범주에 넣기에는 아직 뭔가 애매하다. 희도에게는 습관처럼 말도 여전히 뾰족하게 나간다.

그렇지만 내가 진짜 좋아하는 것이 무엇인지를 알고 있다는 것, 그리고 거기에 대해서 아무렇지 않아 하는 게 묘하게 마음을 편안하게 만들었다. 이제까지 기를 쓰고 숨겨 온 것들이 별거 아닌 것처럼 느껴지기도 했다.

예쁘고 귀여운 것에 집착하고, 인형을 안으면 달콤한 기분이 들고, 프릴이 생크림처럼 풍성한 리본을 사랑하고, 사랑스러운 것들을 보면 동경하는 걸 부끄럽게 여기지 않아도 되지 않을까. 어쩌면 다들 희도처럼 처음에는 조금 놀라겠지만 곧 그러려니 하고 넘어가지 않을까.

문득 그런 생각이 들었다.

그렇지만,

"있잖아, 지수지수. 나 어제 미술 학원 갔다가 다른 학교 친구한테 네 사진 보여 줬다아."

그게 쉬울 것 같아도 생각처럼 쉽지 않은 이유는,

"내 남친이라고 그랬지롱."

"꺅, 민시영. 걔가 뭐래?"

"나도 친구한테 써먹어야겠다. 친구가 믿어?"

"당근 믿지. 팔짱 끼고 찍은 사진인데. 잘생겼다고 엄청 부러워했음."

"나도 지수랑 사진 찍을래. 지수야, 괜찮지?"

주변에서 당연하게 내게 요구해 오는 이미지.

키 크고 잘생긴 정지수, 운동 좋아하고 쿨한 정지수, 자잘한 것에 신경 안 쓰는 정지수, 남자애들보다 더 남자애 같은 정지수, 아이돌 닮은 남자 친구 같은 정지수.

아이들이 떠올리는 내 이미지들 중 진짜 내 모습은 어느 정도나 될까?

이제는 정말로 말을 할 수가 없게 되었다. 내가 진짜로 좋아하는 게 무엇이고 사실은 어떤 성격인지.

아무 말도 하지 않는 내게 시영이가 애교스럽게 매달렸다.

"왜 아무 말도 없어? 남친이라고 했다고 기분 나쁜 거 아니지? 그치?"

친구들이 만들어 준 이미지대로 행동하면 늘 인기가 많았다. 나를 떠받들었고 누구든지 내 곁에 있고 싶어 했다. 힘들이지 않아도 친구가 생겼다. 싫지 않았다. 압박이 없는 건 아니었으나 결과로 주어지는 것들이 달콤했다.

그런데, 왜 이제는 이렇게 불편한 걸까.

시간이 지나면서 점점 벌어지는 정지수와 정지수 간의 괴리감.

"그런 거, 아니야."

나는 겨우 대답했다. 비스듬히 고개를 돌리는데 저쪽에서 바라보고 있는 희도가 보였다.

갑작스럽게 수치심이 몰려와 나는 얼른 눈을 피했다. 얼굴에 불이 붙은 듯 화끈거렸다. 진짜 정지수가 내 안에서 가만히 고개를 숙였다.

알면 알수록

안희도는 알면 알수록 이상한 아이였다.

아이들이 희도에 대해 수군대는 내용과는 관계없이 어딘가 조금 이상했다. 성격이나 외모가 남다른 것은 아니다. 무리에 있으면 기억이 안 날 정도로 평범하고 희미한 인상인데, 어딘지 모르게 희도에게는 붕 뜬 듯한 느낌이 있었다.

희도를 잘 몰랐을 때에는, 희도가 친한 친구가 없기 때문에 그런 느낌이 드는 거라고 단정했다. 그러나 희도와의 사이가 어느 정도 누그러진 지금은 단지 그것 때문만이 아니라는 생각이 들었다.

조금 먼 곳을 바라보는 듯한 시선, 의도적으로 한쪽 발만 담그는 듯한 행동, 다른 아이들과의 애매한 거리감.

어딘지 모르게 새 같기도 하고.

문득 얼마 전 둘이서 교실을 정리하던 날이 떠올랐다. 책상 위를 가볍게 뛰어오르던 희도의 모습.

그래, 정말로 새 같았지.

역시 이상한 애다. 힐끔 희도를 쳐다보니 연필 꽁지를 씹으며 다 못 한 숙제를 하고 있었다. 남자애치고 하얀 피부에 턱선이 날카로워 무표정일 때는 인상이 꽤 차가웠다. 그럴 때는 말 걸기 딱 싫은 얼굴인데.

"정지수, 너 숙제했어? 나 마지막 장만 보여 줘라."

희도가 내게 불쑥 말을 걸어왔다. 나는 말없이 책상에서 노트를 꺼내 희도에게 내밀었다. 희도의 얼굴이 밝아지며 입꼬리가 올라갔다. 그와 동시에 차갑던 얼굴이 순식간에 녹았다.

"싫다고 할 줄 알았는데. 고마워."

고맙다고 할 때의 말끝이 부드러웠다. 어쩐지 좀 민망해져 나는 퉁명스럽게 대꾸했다.

"심부름해 준 거 이걸로 퉁치는 거야."

"아, 뭐야. 그건 내가 너무 손핸데."

"그럼 도로 주든지."

"알았어. 이걸로 퉁쳐. 쳇, 처음부터 당당하게 달라고 할걸."

나는 턱을 괴고 숙제를 베끼는 희도를 보았다. 아무튼 간에 좀 이상한 애.

그렇지만 확실한 건, 그 산뜻한 "고마워."가 싫지는 않았다는 것이다.

나는 안희도가 점점 궁금해지기 시작했다.

도리안님을 '언니'라고 부르는 데에는 시간이 별로 걸리지 않았다.

처음에는 오랫동안 동경했던 사람을 그렇게 친밀한 호칭으로 불러도 되는지 망설였지만 실제로 만난 도리안님은 상냥하고 수다스러웠다.

"살랑핑크님, 실제로 보니까 완전 제 스타일이에요!"

도리안님의 초대로 처음 공방에 갔을 때 도리안님이 내 두 손을 꼭 잡고 말했다.

"네?"

"저희 가족은 다 키가 작아서 키 큰 사람을 좀 좋아해요. 요렇게 커다란 손으로 그렇게 귀여운 것들을 만든 거예요? 제가 반전 있는 사람을 또 좋아하는데."

페스티벌이나 블로그에서 바라봤던 도리안님은 카리스마 넘치는 능력자였으나, 실제 얘기를 나누어 본 도리안 언니는 귀엽고 따뜻하고 어딘가 맹한 느낌이었다. 평소 상상해 오던 도리안님의 이미지와는 달랐으나 난 곧 이러한 도리안 언니가 더 좋아졌다.

도리안 언니의 상냥한 조언을 듣고 싶어서 나는 공방에 갈 때마다 꼭 인형 옷들을 챙겨 갔다.

"이건 있잖아, 지수야. 이렇게 왼쪽부터 박아서 다는 게 좋아."

"이 원단은 찢어지기 쉬워서 여기에는 맞지 않아. 다른 걸 줄게."

"여기는 너무 잘됐다. 반대쪽은 뒤집어서 해 봐. 손이 더 편할 거야."

도리안 언니는 내 질문에 언제나 성의 있게 답해 주었다. 조용한 음악을 틀어 놓고 언니랑 가만히 바느질을 하고 있으면 마치 다른 세계에 와 있는 것처럼 마음이 편했다. 이제까지 경험하지 못한 행복이었다.

"크리스한테 리본을 달 땐 좀 더 머리 앞쪽으로 꽂는 게 나아."

"왜요?"

"더 풍성해 보이고 사진 찍을 때도 예쁘거든. 자, 이거 봐 봐. 사람이나 인형이나 마찬가지야. 디테일이 고민되면 거울을 보고 직접 달아 보면 돼."

"윽, 저는 이런 거 진짜 안 어울리는데……."

엉거주춤한 자세로 도리안 언니가 솜씨 좋게 꽂아 준 리본을 머리에 달고 있을 때 희도가 들어온 적도 있었다.

"내가 잘못 들어왔네. 못 본 걸로 하고 나갈……. 으악!"

그대로 빙글 몸을 돌려 나가려던 희도를 붙잡고, 우리는 그 애 머리에도 강제로 리본을 달아 주었다.

"그래, 그쪽으로 다는 게 돋보이지? 역시 직접 해 봐야 할 수 있어. 희도야, 너 가끔 와서 모델도 하고 그래라."

도리안 언니랑 같이 재잘거리다가,

"아, 진짜 둘 다 헛소리야!"

발끈해서 소리치는 희도가 웃겨서 까르르 웃기도 했다.

그날 사건을 사과하는 의미에서 초대받은 첫 번째 방문 이후 오늘이 벌써 네 번째 발걸음이었다.

오늘은 희도가 여느 때처럼 중간에 불쑥 들어오지 않았다. 이제까지 늘 한 번씩은 얼굴을 내밀었던지라 궁금함이 솟았다. 그러나 언니에게 먼저 묻기도 그래서 잠자코 비즈를 달고 있을 때였다.

"희도는 왜 안 오지?"

마음을 들킨 듯한 느낌에 괜히 찔려서 못 들은 척 인형 옷을 만지작거리고 있는데 도리안 언니가 말을 이었다.

"열쇠 주고 가는 거 깜박했나."

"열쇠요?"

"희도가 학교 가기 전에 공방 문 열어 주고 가거든. 그래서 중간에 들러서 열쇠 주고 가는데 잊었나 보네. 오늘은 일찍 나가야 할 것 같은데."

"음, 전화해 보시는 건요?"

"지금은 수업 시간이라 안 받을 거야, 아마."

수업? 고개를 갸웃하는데, 도리안 언니가 손가락으로 위층을 가리켰다.

"희도 바로 위층으로 다니거든. 같은 건물이야."

아, 학원 얘기구나. 바로 위층이라는 말에 나는 자리에서 일어났다.

"언니, 그럼 제가 열쇠 받아 올게요."

"어머, 좀 미안한데……."

"위층인데 뭘요. 얼른 다녀올게요. 언니는 마저 하고 계세요."

나는 씩씩하게 인사하고 공방을 나섰다. 문을 뒤로하고 왼쪽으로 돌면 바로 올라가는 계단이 있었다. 걸음이 점점 빨라졌다.

희도가 있는 곳

이 층으로 올라간 나는 우뚝 멈춰 섰다. 긴 복도 양쪽으로 간판이 하나씩 보였다.

세탁소, 치과, 소아과, 피아노 학원, 발레 학원, 영어 학원, 수학 학원, 미용실.

"아, 무슨 학원인지를 안 물어봤네."

영어 학원과 수학 학원 가운데에서 잠깐 고민하다가 나는 수학 학원 쪽으로 발을 옮겼다. 수학 학원 상담 선생님이 나를 보고 상냥한 미소로 의자에서 일어섰다.

"어머, 어떻게 왔니?"

"저, 누구 좀 찾으러 왔는데요. 안희도라고 혹시 여기 다니나요?"

등록하러 온 학생이 아니라 실망했는지 선생님이 미소를 거두며 쌀쌀맞게 대답했다.

"우리 학원에 그런 애는 없는데."

"죄송합니다."

나는 재빨리 학원 밖으로 나갔다. 답은 분명히 두 개 중 하나인데 첫 번째는 오답. 그렇다면 두 번째는 백 퍼센트다. 나는 영어 학원으로 바로 달려 들어갔다.

"저기, 6학년 안희도 잠깐만 불러 주세요. 아래층 공방 열쇠를 받아야 해서요."

들어서자마자 강의실 앞에 서 있는 선생님을 붙잡고 말했다. 선생님이 미간을 모으고 나를 보았다.

"6학년?"

"네, 6학년 안희도요."

"잘못 왔다. 여기 중등 전문 학원이야."

"네?"

어안이 벙벙해서 나가 봤더니 간판 위쪽에 중등 전문이라고 작게 씌어 있었다. 다시 복도 가운데에 선 나는 찬찬히 간판들을 살펴보았다.

"피아노였나 보네."

희도가 피아노를 배우고 있을 줄은 몰랐다. 나는 '베토벤 피아노'라고 써 있는 학원 문을 열고 안으로 들어갔다. 긴 머리의 젊은 선생님이 피아노 방에서 걸어 나왔다.

"어서 오세요."

선생님 어깨 너머로 슬쩍 둘러보았으나 희도는 없었다. 혹시해서 물어보려는데 선생님이 먼저 말을 꺼냈다.

"지금 이 시간에는 수업이 없는데 무슨 일로 왔어요?"

"네? 아, 아니에요."

복도로 다시 나간 나는 멍하니 그 자리에 섰다. 보이는 간판들을 한 번 더 차근차근 읽어 보았다.

세탁소, 치과, 소아과, 피아노 학원, 발레 학원, 영어 학원, 수학 학원, 미용실.

수학 학원이랑 영어 학원은 없는 학생이라 하고, 피아노 학원은 수업이 없다 하고, 대체 뭔가 싶었다. 병원 쪽으로 가 볼까 하다가 도리안 언니가 수업 시간이라고 했던 게 기억나서 일 층 계단으로 발을 옮겼다. 제대로 물어보고 올라왔어야 했다.

계단을 내려가려는데 희미하게 음악 소리가 들렸다. 소리가들리는 방향으로 무심히 고개를 돌렸더니 발레 학원 쪽이었다.

수업 중인가 보네. 속으로 생각하며 계단에 발을 내디디려다가 나는 그대로 뚝 멈추었다.

책상과 책상 위를 새처럼 사뿐 뛰던 그림자. 무중력 상태인 듯공중에 떴다가 깃털처럼 책상 위에 내려앉던 모습.

그날 안희도가 그렇게 날았지.

나는 몸을 돌려 발레 학원 쪽으로 뛰어갔다. 경쾌하고 우아한 음악 소리가 문틈으로 새어 나오고 있었다. 조심스럽게 안으로 들어가 음악이 나오는 쪽으로 발을 옮겼다. 연습실 문이 손가락 마디 하나 정도로 열려 있었다.

연습실 안으로 들어가려다가 그만두고 유리창으로 안을 들여다보았다.

역시 그랬다.

안희도가 보였다.

생소한 발레복을 입고 희도는 그때처럼 공중으로 가볍게 날아올랐다. 발끝이 가볍게 공기를 타다가 어느 순간 다시 가뿐하게 바닥에 닿았다.

"왼팔을 좀 더 앞으로, 손가락은 눈보다 약간 높게, 오른쪽 다리는 크게 차올리며 그랑 바트망."

발레 선생님의 마법 같은 주문에 맞추어 희도의 몸이 산들바람처럼 움직였다. 손끝이 부드럽게 곡선을 그렸다. 음악이 희도의 몸을 타고 유려하게 흘렀다.

발레에 대해 아무것도 몰랐지만 눈을 뗄 수가 없게 만드는 아름다움이 있었다.

얼마 동안 그렇게 멍하니 서 있었는지 모른다.

"거기 넌 누구니?"

발레 선생님의 높은 목소리에 나는 퍼뜩 정신이 들었다. 희도

가 내 쪽으로 홱 고개를 돌렸다.

우리 둘의 눈이 정면으로 마주쳤다.

상가 뒤쪽 공터의 벤치는 사람이 잘 지나다니지 않았다. 희도와 나 둘뿐이었다.

"끝나고 나서 얘기 좀 해."

희도의 말에 도리안 언니의 공방에서 수업이 끝날 때까지 기다렸다. 티셔츠와 바지로 갈아입고 내 앞에 선 희도는 발레 학원에서와는 완전히 다른 사람 같았다.

콜라 한 캔을 다 비울 때까지 희도는 줄곧 말이 없었다. 침묵을 견디다 못한 내가 먼저 말을 걸었다.

"바, 발레 하는 줄 몰랐어. 저기, 그러니까, 음, 잘하더라."

희도가 그제야 입을 열었다.

"잘하는지 못하는지 어떻게 알아."

"사실 잘 모르지만 잘하는 거 같았어."

"그러냐."

다시 침묵이 흘렀다. 어떻게 말을 이어 가야 할지 알 수가 없었다.

'언제부터 발레 한 거야? 혹시 애들한테 숨기고 하는 거야? 그런데 남자도 발레를 하네?'

묻고 싶은 건 많은데 물어도 될지 판단이 안 서서 빈 콜라 캔

72

만 만지작거렸다. 희도가 허리를 죽 펴고 기지개를 켜더니 내 얼굴을 보았다. 덤덤한 표정이었다.

"누나는 네가 이미 다 아는 줄 알고 얘기했나 봐."

"혹시 너 발레 하는 거, 알면 안 되는 거야?"

"그건 아니지만, 남들한테 얘기하지는 않아. 음, 그러면 몰래 다니는 게 되는 건가."

"왜?"

"왜라니. 너도 남자애가 발레 하는 건 이상하다고 생각하잖아. 딱 붙는 타이츠 같은 거 입고."

"아."

문득 아까 연습실에서 본 희도의 발레복이 떠올라 조금 민망해졌다. 그렇지만 막상 볼 때는 별생각 없었는데.

"사실 처음부터 숨긴 건 아니었어. 이게 뭐 창피한 일도 아니고. 그런데 남자가 발레 한다고 놀리고 따돌리고 그런 걸 겪다 보니 별로 얘기하고 싶지 않더라고."

"따돌림도 받았어?"

"야, 예전에 얼마나 심했는데. 여자 아니냐고 바지도 벗겼어. 그때 잠깐 발레 그만뒀다."

"와, 미친. 너무한 거 아냐? 발레가 뭐 어떻다고."

발끈하는 내게 희도가 웃어 보였다.

"발레의 문제가 아니라 남자애가 발레 하는 게 걔네들한테는 평범하지 않은 거지.”

희도는 말을 이었다.

“아무튼 그때 발레는 영원히 안 하려고 했는데 그러기에는 내가 너무 좋아하더라고.”

“…….”

“고작 남의 시선 때문에 좋아하는 걸 부끄럽게 여기는 내가 더 부끄럽게 느껴져서. 아, 이게 뭐라고 너한테 구구절절…….”

가만히 듣고만 있는 내게 머쓱한지 희도가 피식 웃었다.

“누구한테 말하고 싶으면 말해도 돼. 사실 예전에는 발레 하는 게 창피하기도 했는데 이젠 안 그래.”

“안 말해.”

나는 재빨리 대답했다. 희도가 다시 웃었다.

“아니, 뭐 비밀 그런 건 아니라니까.”

“그래도 안 말해. 너도 그게 편하잖아. 귀찮은 오해도 없을 거고.”

“그건 그렇지만…….”

희도가 말끝을 흐렸다.

“그리고 다시 사과할게. 예전에 호진이가 한 헛소리 옮긴 거. 그, 벼, 변태라는.”

“야, 뭘 다 지난 일을 다시 꺼내서 그러냐. 잊어버리고 있었는데.”

희도가 손사래를 쳤다.

"대충 어떻게 소문이 퍼졌을진 짐작이 가. 친구 한 명이 나 발레복 입은 걸 봤거든. 됐어. 신경 안 써."

희도의 표정도 목소리도 정말로 말끔했다. 처음에 입을 열었을 때보다 말의 무게도 가벼웠다. 그 선선함에 강하게 마음이 끌렸다. 그래서 나도 모르게 마음속의 말을 꺼냈다.

"멋있는 거 같아. 아까 그 말."

"어?"

"남의 시선 때문에 좋아하는 걸 부끄럽게 여기는 게 더 부끄러운 거라는 거."

진짜 그랬다. 운동 만능에 쿨하고 멋지고 키 크고 잘생긴 아이돌 대우받는 정지수. 이미 고정된 기대치를 벗어나는 건 쉽지 않았다. 동경으로 빛나던 아이들의 시선이 순식간에 변해 버릴 것을 생각하니 어쩐지 좀 두렵기도 했다.

그냥 만들어 준 이미지대로 행동하는 게 편했다.

쿨하고 멋지긴 개뿔. 난 이렇게나 남을 의식하는 겁쟁이인데.

"고작 남의 시선 때문에 좋아하는 걸 부끄럽게 여기는 내가 더 부끄럽게 느껴져서."라는 희도의 그 말이 파도처럼 마음에 부딪쳐 거품이 일었다. 겉모습과는 어울리지 않는 내 진짜 모습을 드러내는 게 나는 늘 부끄러웠다. 그리고 그걸 부끄러워하는 내 자신이, 처음으로 부끄럽다는 생각이 들었다.

누구의 것

비밀의 공유만큼 마음의 거리를 좁히는 것은 없었다.

내 공식적인 단짝은 시영이였지만 벤치에서의 그 대화 이후로 단숨에 희도에 대한 친밀감이 두터워졌다. 희도의 시답잖은 농담마저도 세상에서 제일 재미있게 느껴졌다. 희도와 얘기를 하다 보면 나도 모르게 표정이 바보같이 풀어져서 의식적으로 단단하게 조여야 했다.

희도도 마찬가지였다. 내게 걸어오는 말들이 예전과는 확연히 다르게 둥글둥글했다. 말의 온도 역시 훨씬 따스해졌다. 기분 탓이 아니라 정말로 그랬다.

"나 잘하면 콩쿠르에 나갈지도 몰라. 주니어부."

"진짜야?"

"응, 선생님 추천으로."

"언젠데?"

"두 달 뒤라서 내일부턴 연습량 늘리려고. 아, 떨린다."

"잘하던데, 뭐. 얍, 우승해."

"아, 근데 웃긴다. 내가 너한테 이런 말을 다 하고."

희도의 그 말에 나도 모르게 킥킥 웃었다. 그건 사실 나도 마찬가지였다.

"도리안 언니 돌 페스티벌 참가하는 거, 내가 좀 도와주기로 했어."

"우리 누나가 너 막 부려 먹는 거 아냐? 돈으로 달라고 해."

"크크, 아니야. 같이 작업하게 해 주는 것만으로도 영광인데, 뭘."

"너 착취당하는 거야. 잘 생각해 봐."

"언니한테 이른다. 얼마나 배우는 게 많은데. 리페인팅도 봐 주기로 했어."

"그게 뭐야?"

"리페인팅이 뭐냐면 인형 얼굴을 새롭게 메이크업하는 건데……. 잠깐, 내가 너한테 왜 이런 얘길 하고 있냐. 웃긴다."

마음의 부담 없이 좋아하는 것을 이야기할 수 있는 단 한 명. 친구들에게는 그토록 어려웠던 게 희도 앞에서는 참으로 쉬웠다. 쉴 새 없이 얘기가 나왔다. 짝을 바꾸는 날이 얼마 남지 않았다는 게 얼마 남지 않은 캔디 통을 들여다보는 것처럼 아쉬웠다.

그리고 짝 바꾸는 날을 며칠 남겨 둔 어느 날, 그 일이 터졌다.

"야, 야, 안희도 진짜 변태 맞아. 이것 좀 봐!"

2교시 쉬는 시간이었다.

시영이랑 미예랑 화장실에 다녀오는데 내 자리에 아이들이 모여 있었다. 호진이가 뭔가를 든 채 목소리를 높여서 다시 외쳤다.

"으악, 이거 뭐야? 레이스 아냐? 야, 망사 원피스도 있어!"

"야, 내놔!"

희도가 빼앗으려 했지만 고호진이 손을 높이 들어 올렸다. 호진이의 손에 들린 것은 캉캉 원피스였다. 나는 그 자리에 얼어붙었다.

저건 내게 전달되어야 할 것들이었다.

"오늘 누나가 인형 옷 완성품이랑 원단 같이 보냈어. 수업 끝나고 줄게."

아침에 희도가 말했던 게 생각이 났다.

"남동생한테 별 이상한 걸 다 전달한다, 진짜."

희도가 작게 투덜거리던 것도 생각이 났다.

저게 그거구나.

나는 마음이 급해졌다. '그건 내 거야.'라고 말한 후 호진이에게서 빼앗아야 했다. 희도 것이 아니라고 애들에게 말해 주어야

했다. 말도 안 되는 오해를 어서 풀어 주어야 했다. 한 발짝 앞으로 내딛는 순간, 시영이가 종알거렸다.

"어머, 정말정말 변태였나 봐."

"그러게. 저런 속옷 같은 걸 왜 가방에 넣고 다닌대. 징그러워."

미예가 얼굴을 찡그리며 맞장구를 쳤다. 시영이가 내 팔을 잡아당기며 내게 말했다.

"변태랑 짝하느라 고생 많았겠당, 우리 지수."

'아니야, 저건 내 거야. 희도가 나한테 전해 주려고 가져온 거라고.'

그렇게 말해야 한다고 생각하는 순간, 이후 내게 쏟아질 질문들이 갑자기 귓가에서 왕왕 울렸다.

'저게 어째서 네 거야?'

'희도가 왜 너한테 저걸 줘?'

'넌 저거 받아서 뭐 하는 건데?'

귀울림 같은 질문들이 내 발을 꼼짝없이 옭아맸다. 한 발짝도 나아가지 못한 채 나는 그저 제자리에 서 있었다. 호진이에게 원피스를 빼앗으려 안간힘을 쓰던 희도가 참지 못하고 큰소리를 냈다.

"야! 그건 내 게 아니라······."

그리고 그 순간, 나와 정면으로 눈이 마주쳤다.

아, 지금이라도 아이들에게 말해야 했다. 내가 말해 줘야 하는 것이 맞았다. 그러나 발뿐만이 아니라 입도 떼어지지 않았다. 발과 입에 풀이 붙은 것처럼 나는 조용히 그 자리에 우뚝 서 있었다.

희도의 눈이 내게 머물렀다가 내 양쪽 팔에 매달려 있는 시영이와 미예를 한 번씩 스쳤다. 어쩐지 고요해진 눈빛으로 희도가 입을 다물고 팔을 내렸다.

"선생님 오신다!"

누군가의 외침에 호진이가 들고 있던 것들을 희도의 책상 위에 몽땅 내던졌다.

"아유, 변태 새끼."

"대박 사건이다, 진짜."

아이들이 내뱉은 소리들이 교실에서 한 바퀴 휘돌았다.

희도는 잠자코 책상 위의 것들을 가방 속에 넣었다. 나는 절망적인 기분으로 천천히 희도 옆에 앉았다.

나는 그게 내 것이라는 얘기를 결국 하지 못했다. 그리고 희도는 그게 내 것이라는 얘기를 끝까지 하지 않았다.

톡이 좋은 이유

휴대폰의 톡이 좋은 이유는 얼굴을 마주하지 않아도 되기 때문이다.

 오늘 학교에서 왜 그거 내 거라고 얘기 안 했어?

몇 번이나 썼다 지웠다 했는지 모른다. 결국 톡을 희도에게 보낸 나는 침대에 엎드려서 답이 오기만을 초조하게 기다렸다. 얼마 지나지 않아 휴대폰이 짧게 신호를 울렸다. 번개같이 휴대폰을 낚아채서 확인했다. 안희도였다.

 사실대로 얘기하면 너 곤란해졌을 거 아냐.

대답은 간결했다. 휴대폰의 톡이 안 좋은 이유는 글자 뒤의 감정이 보이지 않기 때문이다. 이 짧은 답장으로는 희도의 마음을 가늠할 수가 없었다. 화가 났는지, 실망했는지, 짜증이 났는지 아니면, 어쩌면, 혹시나 아무렇지 않은지.

나는 희도의 톡을 한참 들여다보다가 다시 톡을 보냈다.

 너는 더 곤란해졌잖아……. 오해받아서 어떡해.

곧장 톡이 왔다.

 뭐야, 정지수. ㅋㅋ 쪼끔 미안했나 보지? ㅋㅋ

아, 나는 작게 숨을 내쉬었다. 평소에 수없이 쓰는 'ㅋ' 한 글자에 이렇게 마음이 놓일 줄은 몰랐다. 긴장으로 쪼그라들었던 심장이 천천히 펴지는 느낌이었다. 숨을 깊이 들이마셨다가 다시 천천히 뱉으며 나는 톡을 보냈다.

 응, 미안해.

 뭐야, 그렇게 순순히. 너답지 않게! ㅋㅋ

진짜 미안해서 그래. 아까 아무 말 못 한 거. 미안해······.

사과를 하고 나니 마음이 조금 편안해졌다. 학교에서 진작 했어야 할 말이었다. 하지만 희도 옆에서 안절부절못하다가 어영부영 하교 시간이 되어 집으로 돌아와 버렸다. 목구멍까지 돌이 들어찬 느낌에 밥도 제대로 못 먹었는데 비로소 조금 내려가는 것 같았다.

이번에는 약간 시간을 두고서 희도의 톡이 왔다.

 사실 나도 모르게 말할 뻔했는데, 네 옆의 여자애들 보니까 너랑 약속한 게 생각나서.

 나랑 약속했다고?

 기억 안 나? 누나 대신 내가 나간 날, 너랑 약속했잖아. 반 애들한테 절대 말하지 않겠다고.

휴대폰을 보며 나는 입술을 깨물었다. 희도가 씩 웃으며 했던 말이 떠올랐다.

"수많은 내 장점 중 제일 큰 장점이 뭔지 알아? 바로 입 무거운 거."

그리고 생각해 보니 너한테 빚진 것도 하나 있더라고.

 어? 빚?

 너 그때 나 봤지? 교실에서 발레 연습하는 거.
같이 그림 붙였던 날.

나는 입을 벌렸다. 갑자기 이 말이 나올 거라고는 생각지도 못했다. 희도의 톡이 계속 이어졌다.

 모른 척해 준 거 맞지? 사실 그때 널 다시 봤음.

 뭐야, 갑자기. 그게 뭐 별거라고…….

 그전에는 정말 재수 없는 애라고 생각했거든. ㅋㅋ
워낙 나랑 사이 안 좋았을 때니까 그걸로 분명 시비 걸
거라고 생각했는데 별 얘기 없어서 좀 놀랐어.

나는 뭐라고 답해야 할지 몰라 희도가 보낸 톡만 들여다보다가 겨우 한마디 보냈다.

 넌 뭘 그런 걸 가지고 그러냐…….

네 입장에서는 아무래도 좀 괴상한 장면이었을 거 아냐.
근데 모른 척해 준 게 아주 약간 고마웠달까.

음, 보고 약간 당황하긴 했지만……. 야, 근데
장소 안 가리고 연습하는 너도 참. 발레가 그렇게 좋아?

내가 왜 축구를 안 하는지 알아?

뜬금없이 웬 축구?

사실 나 축구 보는 것도, 하는 것도 다 좋아해.
그런데 남자애들 축구 시합에 끼지 않는 건
혹시 태클 걸려서 발이라도 다칠까 봐 그래.
발레가 내겐 무엇보다 중요하니까.

  희도가 발레를 정말로 좋아한다는 게 휴대폰 너머로 생생하게
전해져 왔다. 그 '좋아함'의 에너지가 내게도 전달이 된 것처럼
찌릿찌릿했다. 나를 좋아한다고 한 것도 아닌데 이상하게 마음
이 두런거렸다. 나는 휴대폰을 꼭 쥐었다.

아무튼 정지수, 오늘 일은 신경 쓰지 마.
나도 신경 안 써. 잘 자.

응, 고마워.

톡이 끊긴 후에도 나는 한참이나 휴대폰을 들여다보며 앉아 있었다. 그러다 문득 고개를 돌리다 거울 속 나와 정면으로 눈이 마주쳤다. 나 자신조차 한 번도 본 적 없는 얼굴을 한 내가 거기에 있었다.

　아, 휴대폰의 톡이 좋은 이유를 하나 더 찾았다. 상대방이 내 표정을 절대로 볼 수 없다는 거.

꽃이 피는 소리

안희도는 괜찮다고, 신경 쓰지 말라고 했으나 반의 상황은 그 렇게 돌아가지 않았다.

그 일 이후로 아이들은 노골적으로 희도에게 혐오감을 드러냈 다.

"앗, 변태 왔네."

희도가 지나갈 때마다 악의 섞인 비웃음이 한마디씩 들렸다.

"그냥 변태가 아니라 망사 변태."

가시 돋친 조롱도 뒤따라왔다. 내가 홱 뒤돌아보면 오히려 왜 그러냐는 표정으로 나를 쳐다보았다.

"내버려 둬. 좀 그러다가 지겨우면 말겠지."

희도가 담담하게 말했다.

"야, 그래도……."

'나 때문이잖아.'라는 말은 목구멍으로 꿀꺽 삼켰다. 희도는 그러려니 하고 참아 넘기는 것 같았으나 사실 이런 상황을 견디기 힘든 것은 나였다. 나 때문에 벌어진 일이라는 죄책감 때문에 누가 희도에게 한마디 하면 신경이 날카롭게 곤두섰다.

그럼에도 불구하고 이제 와서 아이들에게 진실을 말할 용기는 없는 나는, 이 교실에서 제일 비겁한 사람이었다.

"야, 변태. 네 노트 여깄다."

선생님 심부름으로 관찰 노트를 나눠 주던 호진이가 또 깐죽거렸다. 희도가 손을 내밀자 호진이가 기겁한 시늉을 하며 뒤로 물러섰다.

"에헤이, 어딜 만지려고. 책상에 놓을 테니 가져가."

"야, 고호진!"

내가 참다못해 버럭 소리를 질렀다.

"작작 좀 해라. 유치해 죽겠네."

"뭐? 네가 무슨 상관이야?"

고호진도 내게 목소리를 높였다. 나는 자리에서 벌떡 일어났다. 내 어깨까지밖에 안 오는 고호진이 조금 움찔했다.

"여긴 내 자리니까! 내 자리에서 유치하게 깐죽대는데 내가 좀 상관하면 안 되냐?"

내 기세에 눌려 호진이는 노트를 홱 집어 던지고 투덜거리며 자리를 떠났다.

"아주 정의의 사도 납셨네."

아이들이 뒤에서 수런거리는 소리도 귀에 들려왔다.

"정지수는 왜 오지랖이래. 저러다 한 대 치겠다."

"고호진이 워낙 오버하긴 했잖아."

"야, 그래도 그렇지 정지수 쟤가 뭐라고……."

뒤쪽에서 들리는 험담의 대상이 희도가 아닌 것에 안심하며 나는 자리에 천천히 앉았다. 희도가 옆에서 쿡쿡 웃었다.

"뭐야, 왜 웃어?"

내가 퉁명스레 묻자 희도가 웃음기 남은 얼굴로 나를 보았다.

"고맙기도 하고, 이 상황이 웃기기도 하고……."

희도가 고개를 기울이고 빙긋 웃었다.

"이야, 정지수 좀 멋있기도 하고."

"뭐라는 거냐."

나는 확 얼굴이 달아오르는 느낌에 얼른 책으로 고개를 돌렸다. 호진이와 마주할 때는 차가워졌던 심장이 미친 듯이 쿵쿵거리며 뛰었다. 어, 이건 뭐지. 당혹스러움에 괜히 손을 쥐었다 폈다 하며 진정하고 있는데 희도가 옆에서 다시 말을 걸었다.

"근데 너 국어 숙제 했어? 했으면 좀 보여 줘."

나는 쿵쾅거리고 열 오르고 정신이 없는데, 그렇게 만든 장본인은 태연하게 숙제 타령하는 게 갑자기 얄미워졌다. 말없이 노트를 꺼내 쑥 내미니 희도가 기쁘게 받았다. 그리고 밝은 목소리로 인사를 건네 왔다.

"어제 깜박해서. 진짜 고마워."

"고마워."라는 말이 도대체 뭐라고 다시 심장이 쾅쾅 울리기 시작했다. 나는 끙 소리를 내며 머리를 감쌌다.

한번 의식하기 시작한 마음은 걷잡을 수가 없었다.

이제까지 어떻게 그리 멀쩡하게 희도랑 이야기를 해 왔는지 이해가 가지 않았다. 아무렇지도 않게 툭툭 치고 농담을 던지고 했던 게 신기할 지경이었다. 희도는 아무렇지 않은데 나 혼자 마음속에서 폭풍이 치고 꽃이 피고 모래바람이 불었다.

설마, 내가 진짜 얘한테 관심이 있나?

나는 옆에 앉아서 열심히 필기를 하는 희도를 힐끗 보았다.

아, 말도 안 돼. 정신 차려라, 정지수.

나는 고개를 빙빙 저었다.

안희도한테 미안하고 고마운 게 많아서 이러는 거겠지. 안희도가 내 취향인 부분이 어디 한 군데라도 있냐고!

연필 꽁지를 잘근잘근 씹으며 나는 칠판의 필기를 옮겨 적는 대신 노트에다가 안희도의 단점을 하나씩 쓰기 시작했다. 첫째, 나보다 한참 작다. 둘째, 성격이 까칠하다. 셋째, 친구가 없다. 넷째, 눈매가 매섭다. 다섯째, 내가 좋아하는 얼굴형이 아니다.

쓰다 보니 제멋대로 날뛰던 마음이 차분하게 가라앉았다. 그럼 그렇지. 내 취향과는 백 킬로미터 떨어져 있는 안희도를 좋아할 리가 전혀 없었다. 무엇보다 결정적으로 나보다 키가 훨씬 작은 남자애는 딱 별로였다. 외모도 그랬다. 나는 연예인도 꽃미소에 샤방샤방한 얼굴이어야만 좋아했다.

그런데도,

"정지수."

희도가 나직하게 부르는 소리에 다시 심장이 쿵 내려앉았다. 목이 삐걱대는 것처럼 부자연스럽게 희도 쪽을 돌아보았다. 희도가 손가락으로 내 왼쪽을 가리켰다.

"그 밑에 지우개 떨어진 거 주워 줘."

"어, 어디?"

"저기 있잖아."

희도의 팔이 뻗어 오며 순간 몸이 가까워졌다. 나는 너무 놀라서 몸을 홱 돌리다가 왼쪽으로 허리가 휘청 꺾였다. 넘어질 뻔한걸 가까스로 팔로 지탱하며 숨을 천천히 내쉬었다. 눈앞에 흰색 지우개가 보였다.

"뭐야, 정지수. 수업 시간에 체조하니?"

선생님이 어처구니없는 표정으로 나를 내려다보았다. 나는 얼른 몸을 펴고 지우개를 들어 보였다.

"이거 주워 달래서요. 야, 받아."

지우개를 건네받은 희도가 어이없다는 듯 웃었다.

"지우개 하나 줍는데 오바. 육바. 더 멀리 있었으면 공중제비 했겠다."

"주워 줘도 난리야."

톡 쏘아 주면서도, 마주친 희도의 웃는 얼굴에 가슴에 사르르 또 꽃이 피었다.

아, 빼도 박도 못하겠다, 이건. 단점이 백 개라도 어쩔 수 없었다.

좋아하는 거였다.

피구

피구 경기에서 나는 거의 끝까지 남는다.

무서워하지만 않으면 대부분의 공을 피할 수 있다는 걸 알기 때문이다. 피구에서는 맞을까 봐 등을 보이고 도망치는 그 순간 무조건 지게 된다. 공이 들어오는 것을 똑바로 보기만 해도 후반부까지 남을 수 있는 게임이 바로 피구였다.

희도는 의외로 피구를 할 때 항상 거의 끝까지 코트 안에 남아 있었다. 존재감이 없어서 아이들이 잘 기억을 못 하지만 굉장히 공을 잘 피했다. 나는 그걸 희도와 짝이 되고 나서야 알았다.

"저쪽은 안희도랑 김세현만 남았어."

"안희도를 잡아!"

희도가 늘 오랫동안 남는 것은 아이들이 희도에게는 공을 잘

던지지 않기 때문이기도 했다. 보통 공을 던질 때 눈에 잘 띄는, 그러니까 존재감이 높은 아이를 향해 던지기 마련이다.

그러나 망사 원피스 사건 때문에 희도는 그 어느 때보다 존재감이 올라가 있는 상태였다. 아이들은 공을 잡으면 닥치는 대로 희도에게 던져 댔다. 희도는 잡으려 하지도 않았지만 도망치려 하지도 않았다. 침착하게 공을 보면서 사뿐하게 피했다. 그 모습은 탄성이 저절로 나올 정도였다.

"진짜 잘 피하네. 와, 열받아."

"어떻게 저렇게 다 피하냐?"

아이들의 절반은 욕, 절반은 감탄으로 웅성거렸다. 오늘은 우리 반 홀수 번호와 짝수 번호의 대결이었다. 나는 홀수, 희도는 짝수. 서로 다른 편이지만 나는 일부러 희도에게는 공을 던지지 않았다. 내가 아니어도 희도에게 던지는 애들이 많았다.

"아, 또 피했어!"

"미꾸라지야, 뭐야. 귀신같이 피하네."

대충 맞아 주고 나갈 수도 있을 텐데 희도의 눈에 오기가 엿보였다. 희도와 함께 남아 있던 세현이가 공을 어깨에 맞고 몸을 수그렸다.

"김세현 아웃."

체육 선생님이 소리쳤다. 이제 저쪽 팀에는 정말로 희도 혼자뿐이었다.

"야, 쟤 신들렸나 봐."

"그래도 우리가 이겨. 우리 팀에는……"

아이들이 내 쪽을 보았다.

"정지수가 있잖아!"

정말이지 희도와 이런 상황이 되는 것은 피하고 싶었는데. 같은 팀 아이들은 자꾸만 내게 공을 패스하고, 나는 어쩔 수 없이 희도를 향해 공을 던졌다. 성의 없이 던져서 그런지 희도는 가뿐히 피했다.

"정지수 공도 피하네."

"공이 별로 안 셌어."

아이들이 조바심 어린 얼굴로 내게 파이팅을 외쳤다. 희도와 같은 팀인 아이들마저도 내 편이었다.

"정지수! 정지수! 정지수!"

내 응원으로 꽉 찬 코트 안에서 희도는 초연하게 서 있었다. 정말로 희도는 혼자였다. 원래도 혼자인 애였지만 나 때문에 더욱 철저히 혼자였다. 기쁘지 않은 응원을 등 뒤로 하고 나는 다시 내게 패스된 공을 받았다.

차라리 빨리 끝내자.

얼른 경기를 끝내는 게 나을 것 같았다. 내가 희도였으면 이런 상황을 견딜 수 없었을 것이다. 단 한 명의 자기편 없이 혼자 남겨진 상황. 희도는 괜찮을지 몰라도 내가 괜찮지가 않았다.

나는 공을 꼭 쥐었다. 맞은편 내야의 희도 몸이 긴장하는 게 느껴졌다.

나는 온 힘을 다해 공을 던졌다. 공을 마주한 희도가 몸을 움직이려는 그 찰나였다.

외야에 바글바글 모여 있던 아이들 중 누군가가 몸으로 희도를 살짝 밀었다.

아주 살짝이었는데도 불구하고 희도의 자세가 확 흐트러졌다. 그리고 그 순간 내 공이 희도에게 꽂혔다.

이미 몸의 균형이 깨져 있던 희도는 공을 맞는 것과 동시에 공 위로 푹 엎어졌다. 반쯤 쓰러진 희도를 둘러싸고 아이들의 환성이 하늘을 찔렀다.

"이겼다!"

"안희도 사망!"

"역시 정지수! 완전히 끝장냈어!"

펄쩍펄쩍 뛰며 좋아하는 아이들, 내 어깨를 두드리는 아이들 사이에서 나는 멍하니 희도를 바라보았다. 희도는 반쯤 쓰러진 그 자세 그대로 움직이지 않았다. 뭔가 이상했다. 안희도는 이런 상황에서 엄살을 부릴 애가 아니었다.

불길한 예감이 내 심장을 휘감았다.

선생님이 성큼성큼 희도에게 다가갔다.

"안희도, 어디 다쳤어? 괜찮아?"

"선생님……"

고개를 들어 체육 선생님을 본 희도의 표정은,

"저, 다리가……."

내가 처음 보는 종류의 절망이었다.

"누가 뒤에서 안희도 밀었어?"

선생님과 희도가 보건실 쪽으로 사라지자마자 나는 아이들에게 발을 구르며 소리 질렀다.

"나 참. 누가 밀었다고."

"내가 봤는데 아무도 안 밀었어. 너 진짜 왜 그래?"

아무도 나오지 않았다. 아무도 민 사람은 없다고 했다. 그래, 정말로 아무도 밀지 않은 건지도 모른다. 자신도 모르는 사이에 희도와 몸이 살짝 스친 것일지도 모른다. 차라리 그렇게 믿고 싶었다.

"야, 정지수. 근데 왜 책임 회피야? 네 공에 맞은 건데."

"치사하게 누구한테 덮어씌우려고 그러냐? 네 공이잖아."

아이들이 내게 화살을 돌렸다. 맞는 말이었다. 내 공이었다. 어쨌든 내가 던진 공에 맞아서 다리를 다친 거였다. 나 때문이었다. 가장 큰 잘못은 내가 했다.

희도는 다음 수업 시간까지 돌아오지 않았다.

"사실 나 축구 보는 것도, 하는 것도 다 좋아해. 그런데 남자애들 축구 시합에 끼지 않는 건 혹시 태클 걸려서 발이라도 다칠까 봐 그래. 발레가 내겐 무엇보다 중요하니까."

"나 잘하면 콩쿠르에 나갈지도 몰라. 주니어부. 두 달 뒤라서 내일부턴 연습량 늘리려고. 아, 떨린다."

희도가 내게 했던 말들이 머릿속을 어지럽게 빙빙 돌았다. 나는 힘없이 책상에 엎드렸다. 속이 메슥거리고 거북했다. 공에 맞지도 않았는데 어딘가가 아팠다.

"지수지수, 어디 안 좋아?"

"지수야, 왜 그래?"

친구들의 걱정도 다 귀찮았다. 대꾸 없이 엎드려 있다가 담임 선생님이 들어오는 소리에 나는 몸을 벌떡 일으켰다. 주위를 둘러보았으나 희도는 같이 오지 않은 것 같았다.

"희도는 조퇴했다. 넘어지면서 다리를 다쳤는데 많이 아픈 것 같아. 그리고……."

선생님의 그 뒷말은 잘 들리지 않았다. 다리를 다쳤다는 말만 머릿속에서 시끄럽게 울렸다.

내 공이었다. 나 때문이었다.

 안희도, 괜찮아?

 조퇴할 정도면 혹시 많이 다쳤어?

이거 보면 연락 좀 해 줘.

 야, 왜 답이 없어. 화 많이 난 거지?

 다리 괜찮은지 제발 답 좀 해 줘…….

희도에게 톡을 수십 개 보냈으나 답이 없었다.

안 되겠다 싶어서 집에 도착하자마자 깊게 심호흡을 하고 할 말을 고른 후 통화 버튼을 눌렀다.

"전화를 받을 수 없어 소리샘으로 연결……."

나는 망연하게 전화를 내려놓았다. 걱정과 사과의 말이 상대를 잃고 내 안에서 불안하게 헤맸다.

밤이 늦었지만 잠이 오지 않았다. 아무래도 오늘 밤 내내 그럴 것 같았다. 책상 위에서 새처럼 보드랍게 착지하던 희도의 움직임이, 발이 꺾여 추락하는 모습으로 자꾸 눈 안에서 깜박였다.

혀에 돋은 칼

다음 날 희도는 결석이었고, 톡은 여전히 확인조차 안 되어 있었다.

잠을 제대로 못 자 토끼 눈이 된 나를 시영이가 걱정스럽게 바라보았다.

"지수, 혹시 아파? 얼굴도 좀 부었고, 눈도 빨갛고."

"아냐, 잠을 좀 설쳐서 그래."

"응, 내가 옆에서 우리 지수 챙겨 줘야 하는데. 안희도 오늘 안 올 거 같은데 자리 옮길까?"

"안 돼!"

나도 모르게 목소리가 커졌다. 시영이가 눈이 동그래져서 나를 보았다.

"그게, 갑자기 올지도 모르고……. 그리고 선생님이 그러셨잖아. 자리 맘대로 바꾸면 자리 바꾸기 할 때 페널티 있다고."

"그랬지, 참."

시영이가 뾰로통하게 입을 내밀었다.

"오늘은 꼭 지수 옆이 됐음 좋겠다."

"오늘?"

"오늘이잖아. 짝 바꾸는 날."

아, 오늘이었다. 한 달이 그렇게 훌쩍 지나가 있었다. 나는 초조한 마음으로 책상 밑에서 희도에게 다시 톡을 보냈다.

 학교 안 오네. 오늘 짝 바꾸는 날인데 너 알고 있어?

여전히 확인하지 않는 톡. 닿지 못하는 메시지들이 내 마음에 먼지처럼 내려앉았다. 걱정의 마음은 그대로였으나 점점 원망의 감정도 그 위에 차곡히 덮이기 시작했다.

"쪼잔한 자식. 나 차단한 게 확실하네. 백퍼다, 진짜."

설마설마하던 걸 입 밖으로 내는 순간 마음속에서 확신이 되었다. 확인하지 않는 톡, 받지 않는 전화. 아무래도 차단한 게 분명했다. 도리안 언니에게 전화를 해 볼까 몇 번이나 생각했으나 너무 구차한 것 같아서 그만두었다.

미안하고 걱정스러운 마음은 여전했다. 그러나 거부당할 때마다 마음에 까맣게 더께가 쌓였다. 어떻게 털어야 할지를 몰라, 나는 그저 입술만 깨물었다.

자리는 6교시에 바꾸는 것으로 결정되었다. 번호 뽑기로 자리를 결정하는 건 다 아는 사실이지만 그래도 자리 바꾸기 직전은 늘 들뜬 분위기였다. 나를 제외한 모든 아이들이 자리 바꾸기에 대한 기대로 재잘거렸다. 평소 같으면 나도 신나게 떠들었을 테지만 오늘은 정말로 그럴 기분이 아니었다.

내 자리에 놀러 온 시영이와 몇몇 여자아이들이 희도의 빈자리에 걸터앉아 새처럼 종알거렸다.

"난 맨 앞만 아니면 돼. 맨 앞 진짜 싫어."

"자리가 뭐가 중요하냐. 짝이 문제지."

"여자애였음 좋겠다. 남자 짝 싫은데."

미예가 새초롬하게 입을 내밀었다.

"남자애들 중에서도 특히 싫은 애 몇 명 있어."

"누구? 나도 있는데."

"고호진도 싫고, 오성민도 싫고, 그리고 뭣보다 안희도."

"맞아, 맞아. 안희도."

시영이가 손뼉을 치며 말했다.

아이들이 까르르 웃었다. 같이 웃길 바라는 표정으로 날 쳐다보는 시영이를 향해 나는 퉁명스럽게 물었다.

"안희도가 왜?"

"왜냐니? 변태잖아. 그때 그 사건."

시영이가 당연하다는 듯 목소리를 높였다. 시영이 옆의 미예도 고개를 끄덕이며 맞장구쳤다.

"그때 망사…… 꺅, 말하기도 민망하다야."

"안 그렇게 생겨 가지고. 걔 나중에 큰일 내는 거 아냐? 막 뉴스에 나오고."

"크크크, 우리 모자이크하고서 동창생으로 인터뷰하고 막 그럴지도."

들으면서 확 열이 치밀어 올랐다. 애들이 이 정도까지 안희도를 조롱거리로 삼는 줄은 몰랐다. 그것도 내가 가장 친하다고 생각해 온 친구들이.

"야, 어이없다. 너희 그걸 말이라고 해?"

더 화가 나는 것은 그게 다 내 탓이라는 것이었다. 내가 나서서 해명하지 못했기 때문에 결국은 이렇게까지…… 만약 그때 내가 제대로 얘기했더라면 희도는 이렇게 소외되지 않았을 거고, 피구에서도 상황이 더 나았을 거고, 다치지 않았을 거고…….

나는 다시 한 번 큰소리를 냈다.

"너희 정말 실망이다. 사정도 모르면서 막말이 장난 아니네."

분위기가 물을 끼얹은 듯 고요해졌다. 항상 방실거리는 시영이가 딱딱한 얼굴로 나를 보고 있었다. 시영이뿐만 아니라 다른 아이들의 얼굴에도 모두 웃음기가 사라져 있었다.

"사정이 뭔데?"

평소의 콧소리가 전혀 섞이지 않은 말투로 시영이가 물었다. 나는 목에 딱딱한 것이 탁 걸린 것 같았다.

"사정이 뭐냐고 묻잖아. 우리가 어이없이 막말한다는 말 들을 사정이란 게 뭔데?"

다시 침묵이 흘렀다. 나는 입을 벌렸다가 다시 다물었다. 아, 그때 얘기했어야 했다. 지금에 와서는 말하고 싶어도 뭘 어떻게 해야 할지 방향을 잡을 수가 없었다.

"지수 너 혹시 안희도, 좋아해?"

시영이의 물음보다 더 번개같이 가슴에 내리꽂힌 건 미예의 질문이었다. 나는 천천히 미예 쪽을 돌아보았다. 미예가 말을 이었다.

"그렇잖아. 전에 관찰 노트 때도 그렇고, 어제 운동장에서도 그렇고. 이상하잖아."

내가 어떤 표정을 하고 있는지 전혀 짐작이 되지 않았다. 지금 나는 어떤 얼굴일까? 당황해서 시뻘게진 얼굴일까? 말문이 막힌 듯한 얼굴일까? 아니면…….

"내가 미쳤어?"

아이들이 내 표정에 드러난 감정을 눈치채지 못하게 나는 버럭 큰 소리로 외쳤다.

"내가 안희도를? 와, 나 참. 야, 진짜 미쳤냐?"

스스로도 오버하고 있다는 걸 알고 있었다. 마음을 들킨 당혹스러움이 더 펄펄 뛰게 만들었다.

"아니면 됐지 왜 그렇게 화내. 무섭게."

미예가 내 기세에 기어 들어가는 소리로 중얼거렸다. 시영이가 달래듯이 내 어깨를 도닥거렸다.

"네가 말실수한 거지. 우리 지수가 얼마나 기분 나쁘면 이러냐. 변태랑 얽히면 넌 좋겠어?"

"알았어. 미안해. 화 풀어, 지수야."

"지수가 착해서 안희도 같은 변태한테도 잘해 주는 거야. 왕따라 불쌍하니까. 그치?"

"그래. 그러니까 너 말도 안 되는 소리 작작 해. 진짜 싫으니까!"

시영이의 말에 나는 무조건 맞장구를 치며 소리를 질렀다. 내 감정이 드러나는 게 두려워서 주변이 들리지도 보이지도 않았다. 스스로 방어하기에만 급급했다.

그래서 내 옆에 누가 서 있는지도 볼 수가 없었다.

"됐어. 거기까지 해라."

"어머. 자리 주인 왔네."

태연하게 혀를 쏙 내밀며 시영이가 의자에서 사뿐 일어났다. 나는 멍하니 희도를 보았다. 절뚝대는 걸음을 보았다. 오른 다리에 감긴 깁스를 보았다.

"넌 나 없을 때마다 더러운 뒷담화냐."

나를 쳐다보지도 않고 희도가 한마디 했다.

그 말이 칼이 되어 가슴을 휙 베었다.

희도가 잃은 것

짝이 바뀌었다.

나는 1모둠 넷째 줄이고 안희도는 3모둠 둘째 줄이었다. 내 자리에 앉아서 고개만 살짝 돌려도 희도의 머리가 바로 보였다. 오른 다리의 깁스도 같이 보였다.

"지수가 내 뒤라 참 좋다."

앞자리의 시영이가 뒤돌아보며 생긋 웃었다. 나도 웃어 보였으나 눈은 계속 희도의 뒷모습만 좇았다. 자꾸만 흰 깁스에 시선이 갔다.

희도는 단 한 번도 내 쪽을 돌아보지 않았다.

짝이 바뀌어도 일상은 그대로 평온했다.

시영이와 앞뒤 자리라서 쉬는 시간만 되면 친구들이 내 주위로 몰려들었다. 새로 짝이 된 나미도 우리들과 금방 친해졌다.

"우리 오늘 학교 끝나고 핫도그 먹고 가자. 사거리에 가게 생겼대."

"가자, 가자. 나 오늘 학원도 안 가는 날이야."

"맨날 먹기만 하고 살쪄서 큰일 났다."

"뭐야, 그럼 안 갈 거야?"

"뭔 소리야. 가야지."

다들 하하 호호 즐거운 가운데에서 나는 입으로 웃다가 다시 습관처럼 희도 쪽을 힐끗 보았다. 희도는 짝과 이야기 중이었다.

이야기를 나누던 희도가 피식 웃는 모습이 눈에 들어왔다. 심장이 쿵 내려앉는 기분에 나는 얼른 시선을 돌렸다.

짝이랑 잘 지내나 봐. 아니, 잘 지내든 말든 나랑 무슨 상관이야.

혼자서 설렜다가 우울했다가 슬펐다가 화났다가.

평온한 일상 속에서 내 마음만 그저 태풍 속이었다.

친구들과 헤어져 집으로 돌아오는 길에 나는 주머니 속의 휴대폰을 만지작거리며 짧게 한숨을 쉬었다. 짝 바꾸는 날 이후 한 번도 희도에게 전화를 걸거나 톡을 보낸 적이 없었다. 몇 번이나 사과의 말을 보내려 했으나 희도의 그때 그 목소리가 시도 때도 없이 머릿속에서 울렸다.

"넌 나 없을 때마다 더러운 뒷담화냐."

날 최악이라고 생각하고 있겠지. 그러니까 어차피 받지도 않을 거야. 그런 생각들 때문에 나는 번번이 전송 버튼 누르는 것을 포기했다.

드르륵.

손끝에서 짤막하게 울리는 알림에 나는 급히 휴대폰을 꺼냈다. 문자 메시지를 확인하기 전 깊게 심호흡을 했다.

살랑핑크! 나 도리안이야. 요새 연락도 없고 놀러 오지도 않길래

궁금해서. 혹시 오늘 공방에 올 수 있니?

한동안 오지 않은, 아니 차마 오지 못했던 공방은 그대로였다.

유리문을 열고 들어서자마자 긴치마를 나비처럼 팔랑거리며 도리안 언니가 달려와 반겼다.

"우리 핑크, 너무 오랜만이다. 많이 바빴어?"

"언니……."

"이리 와서 앉아. 쿠키 좀 가져올게. 손님이 가져오셨는데 되게 맛있어."

도리안 언니가 마련해 준 자리에 나는 엉거주춤 앉았다. 언니가 간식을 내려 간 동안 나는 공방을 천천히 둘러보았다. 내가 좋아하는 모든 것들이 있는 곳. 꿈과 동경의 공간. 그러고 보니 그렇게 좋아하는 인형 옷 만들기도 며칠 동안 손을 놓고 지냈다. 그 일 이후, 아무것도 할 기분이 아니었다.

"자, 이것 좀 먹어 봐. 이렇게 핑크 보니까 너무 좋다."

도리안 언니가 미소 지으면서 접시를 내려놓았다. 나는 쿠키를 집어 한 입 깨물었다. 달콤한 맛이 혀끝으로 퍼져 나갔다. 그것만으로도 마음이 조금 가라앉았다.

"아무튼 내가 이렇게 널 부른 이유 말인데."

나는 먹던 쿠키를 천천히 접시 위에 내려놓았다. 각오하고 있었다. 동생을 다치게 만들어서 그렇게 기대하던 콩쿠르를 못 나가게 했으니 비난받을 이유는 충분했다. 그러나 전부 각오한 일인데도 좋아하고 동경하는 도리안 언니의 입에서 들으려니까 너무나 슬펐다.

나는 고개를 푹 숙였다.

"내가 그때 한 말에 부담 느꼈다면 안 해도 돼."

"네, 제가 다 잘못……. 네?"

예상과는 다른 언니의 말에 나는 고개를 번쩍 들었다. 언니가 내 손을 가만히 잡으며 말을 이었다.

"돌 페스티벌에 같이 참가하자는 거 말이야. 그때 말 나온 이후로 네가 연락도 없고 오지도 않고 해서 혹시 부담스러운가 해서."

"네?"

"내가 어려워서 확실히 거절 못 하고 피하는 거면 정말로 안 해도 돼. 생각해 보니 내가 일방적으로 밀어붙인 거 같기도 하고."

"아니, 전……."

"몇 번 그 얘기로 통화하려다가 만나서 얘기하는 게 나을 거 같아서 불렀어."

"어, 언니! 저 정말 같이 나가고 싶어요. 진짜예요!"

나는 도리안 언니의 손을 맞잡고 크게 외쳤다. 언니의 눈이 동그래지더니 방긋 웃음이 담겼다.

"원래의 핑크 표정으로 돌아왔네. 그런데 정말 괜찮겠어?"

"얼마나 기대하고 있었는데요. 저 언니랑 같이 나가는 거 소원이었어요. 꼭 같이 나가고 싶어요."

"그렇다면 나야 좋지. 좋은 경험일 거야. 많이 도와줄게."

언니가 상쾌하게 말했다. 도리안 언니가 참가자 명단에 같이 이름 올리자고 제안해 주었을 때 얼마나 기뻤는지 모른다. 굴러온 엄청난 행운이 믿기지 않아 밤에 잠도 제대로 못 잤다.

바로 다음 날 피구 사건이 터져서 처참한 날들을 보내긴 했지만.

희도에게 다시 생각이 미친 나는 조심스럽게 언니에게 물어보았다.

"희도는…… 괜찮아요? 저기, 발……."

밝았던 언니의 얼굴이 흐려졌다.

"바보같이. 발레 계속하려면 몸을 아끼라고 늘 말했는데."

언니의 속상한 목소리에 마음이 쓰렸다. 다행히 도리안 언니가 내게 그 일로 화가 난 것 같지는 않았지만 그래도 잘못했다고 말해야 했다.

"하긴 누굴 탓해. 그 녀석, 공 피하다가 미끄러졌다며?"

"네?"

나는 사죄할 타이밍을 재고 있다가 놀라서 얼굴을 번쩍 들었다.

"평소에 그렇게 몸 사리던 애가 운이 없었는지 왜 혼자 넘어져서는."

"혼자……요?"

"응? 둘이 같은 반이라며. 반에서는 안 친한가?"

정말로 아무것도 모르는 눈치였다. 나는 가슴이 철렁 내려앉는 느낌이었다. 내가 던진 공 때문에 일어난 일이라는 걸 전혀 모르고 있었다.

"언니, 희도가 그런 말을……. 저는 연락도 안 되고……."

대체 어떻게 말을 해야 할지 알 수가 없었다. 횡설수설하는 내게 언니가 가볍게 대답했다.

"희도 폰 고장 났어. 다친 날 병원에서 떨어뜨려서."

세게 뒤통수를 맞은 것 같았다. 휴대폰이 고장 났구나. 내가 희도에게 보낸 메시지들은 하나도 닿지 않았던 거였다. 차라리 언니에게 연락해 볼걸. 그것도 모르고 혼자서 북 치고 장구 치고.

어떤 사과도 받지 못한 희도가 절뚝거리며 교실에 들어서자마자 본 것은 자신의 험담에 맞장구치는 내 모습이었다.

"어제 고쳤으니까 이제는 연락될 거야."

언니의 말에 나는 희미한 목소리로 물었다.

"희도 위에 있어요?"

노란색 불이 켜진 발레 학원은 오늘도 문이 조금 열려 있었다. 조심스레 안으로 들어가자 입구에 앉은 선생님이 몸을 일으켰다. 나는 얼른 손을 저었다.

"상담 아니라, 잠깐 친구 만나러 왔어요."

"수업 끝나려면 십 분 더 있어야 해. 연습실 앞에서 기다리렴."

희도가 수업하는 연습실은 기억하고 있었다. 안쪽으로 들어가서 오른쪽 방. 나는 유리로 된 연습실 앞에서 발을 멈췄다. 몇몇 아이들이 나풀거리는 발레복을 입고 사뿐사뿐 스텝을 밟는 것이 보였다.

"원 투 쓰리, 원 투 쓰리."

선생님의 구령에 맞춰 아이들이 나란히 몸을 움직였다. 희도는 그 안에 없었다.

발을 다쳤으니 수업할 리 없지. 발을 돌리려 할 때였다.

"안희도도 이쪽 보고."

선생님의 목소리에 놀라서 다시 창에 몸을 가까이 붙이고 살폈다.

희도가 있었다.

연습실 안쪽 구석 계단에 쪼그리고 앉아 아이들을 보고 있는,

다리에 깁스를 한 남자아이. 희도가 보였다. 원래도 자그마한 체구가 더더욱 작아 보였다. 반짝이던 빛을 송두리째 잃은 듯 온통 어두웠다.

　나는 잠시 그렇게 섰다가 걸음을 옮겼다. 차마 얼굴을 마주할 용기가 나지 않았다. 내가 희도에게 무엇을 빼앗았는지…… 보고 나니 더욱 그랬다.

할 말이 있어

짝이 아닌 상황에서, 희도와의 접점은 참으로 적었다.

성별이 다르니 화장실에서 마주칠 일도 없었고, 사는 동네가 다르니 등하굣길에서 보는 일도 없었다. 교실에서는 고개만 살짝 돌리면 늘 희도의 뒤통수가 보였으나 그때 일 이후로 애들 앞에서는 희도에게 도저히 말을 걸 수가 없었다.

나는 그대로 시간만 흘려 보냈다.

유일한 접점은 도리안 언니의 공방이었으나 희도는 그날 이후 누나의 공방에 들른 적이 없었다.

"아야!"

딴생각하다가 바늘에 손을 깊이 찔렸다. 금세 손가락에 피가 방울방울 배어 나왔다. 도리안 언니가 얼른 밴드를 가지고 왔다.

"오늘 왜 그래? 이게 몇 번째야."

"……."

"계속 멍때리고 있다가 자꾸 손이나 다치고. 안 되겠다. 오늘은 그만해라."

"아니에요. 괜찮아요."

"뭐가 괜찮아. 손도 엉망이고 표정도 이상하고."

언니가 손에 밴드를 붙여 주며 걱정스럽게 물었다.

"핑크야, 혹시 무슨 일 있어?"

언니의 그 말이 끝나자마자 툭 눈물이 떨어졌다. 어, 하며 눈을 비볐지만 한번 터진 눈물은 쉽게 멈추지 않았다. 도리안 언니가 나를 안고 등을 상냥히 토닥였다.

"무슨 일 있구나."

"언니……."

어디서부터 잘못된 걸까. 마음을 들킬까 봐 희도 험담에 맞장구친 거? 희도에게 공을 세게 던져 다치게 한 거? 아니, 그 전에 희도가 오해받을 때 나서지 않은 거?

일단은 제대로 사과를 했어야 했다. 어떻게든 이야기를 했어야 했다. 그래, 지금이라도 그래야 한다.

나는 눈물을 닦고 도리안 언니를 보았다.

"언니, 저 언니에게 할 말 있어요……."

더 이상은 비겁해지지 말자. 나는 손을 모아 쥐며 스스로에게 다짐했다.

　휴대폰을 들고 시간을 확인했다. 5시 15분.

　안 올지도 몰라. 나는 길게 심호흡을 했다. 각오는 했다. 일방적인 통보였고 안 와도 어쩔 수 없다고 생각했다. 그러나, 그래도 기다릴 생각이었다.

　희도를 만나라고 한 것은 도리안 언니였다.

　희도가 다리를 다친 게 나 때문이라고 전부 털어놓았을 때 언니는 한동안 말이 없었다.

　"미안해요. 언니."

　나는 힘없이 중얼거렸다. 언니가 가만히 나를 보다가 피식 웃었다. 그 표정이 예상과는 달리 온화해서 나는 다시 울고 싶은 기분이었다.

　"나한테 미안할 일은 아니지. 그 말을 들을 사람은 따로 있잖니."

　"희도는 나랑 마주치고 싶지도 않은 거 같아요."

　서글프게 중얼거리자 언니가 탁자 위의 내 휴대폰을 내밀었다.

　"망설이고 걱정하다 보면 이미 시간은 너무 지나 있어. 지금 보내."

　"네?"

　"희도 5시 정도에 수업이 끝나. 끝나고 공원 벤치로 오라고 보내면 되겠다."

"아, 그건 너무 갑자기……."

"얼른. 생각하지 말고 보내."

얼결에 언니가 말한 대로 휴대폰 자판을 두드렸다. 그 와중에도 혹시 차단됐을까 봐 톡 대신 문자 메시지로 보내면서 나는 정말 소심함의 끝판왕이라고 생각했다.

"안 올 거 같은데요."

"올 거야."

도리안 언니가 단호하게 말했다.

"동생이니까 잘 알지."

벤치에 앉은 채 발로 땅을 툭툭 파다가 다시 휴대폰을 확인했다. 5시 30분. 고개를 들어 둘러봤으나 주변에는 희도 비슷한 그림자도 보이지 않았다.

안 와도 할 수 없지.

학교에서 나와 눈도 마주치지 않는 희도를 생각했다. 아마 오지 않을 거야. 도리안 언니는 자신 있게 올 거라고 얘기했지만 나는 그 애가 와 줄 거라는 생각이 들지 않았다. 거의 확신에 가깝게 그렇게 생각했다.

그런데도 집에 가고 싶지는 않았다.

흙이 잔뜩 묻은 운동화 위로 큰 개미 한 마리가 기어올랐다. 쫓기도 귀찮아 가만히 보고만 있었는데, 갑자기 발목 쪽으로 빠

르게 기어들었다. 놀란 나는 펄쩍 일어나서 한쪽 다리를 들고 붕붕 털었다.

"지금 뭐 하냐?"

발 차기를 하듯 다리를 휙휙 휘두르고 있는데 뒤에서 어이없어 하는 목소리가 들렸다. 나는 이번에야말로 뛸 듯이 놀라 고개를 홱 돌렸다.

안희도가 와 있었다.

당황해서 우뚝 선 나를 두고 희도가 벤치에 천천히 앉았다. 나도 엉거주춤한 자세로 희도 옆에 가만가만 앉았다. 우리 둘 사이로 한 줄기 바람이 휙 스쳐 지나갔다. 한동안 침묵이 흘렀다.

"불렀으면 말을 해야지."

먼저 입을 연 것은 희도 쪽이었다.

"나오라고 문자 메시지만 달랑. 참 나, 내가 진짜 안 오려다 왔다. 와 보니까 별 이상한 짓을……."

저 투덜거리는 말투. 짝이었을 때 그랬던 것처럼. 나는 나도 모르게 손으로 입을 막았다. 나도 모르게 입꼬리가 자꾸 올라가 곤란했다. 여기에 와 준 것만으로도, 보자마자 화내지 않는 것만으로도 그냥 좋았다. 말할 수 없이 기뻤다.

"아무튼 그래서 왜 불렀냐고."

아무 말 없는 내게 희도가 다시 물었다. 무슨 말부터 하려고 했더라. 그렇게 수없이 연습했던 말들이 나오지가 않았다. 안희도, 그때 그건 말이야, 그래서 그랬던 거야. 오해를 풀기 위한 수 없는 해명들. 아니 변명들.

준비했던 말들이 하나도 생각이 안 났다. 고개를 돌리자 희도의 눈동자가 가깝게 보였다. 그 눈을 보면서 내가 할 수 있는 말은 딱 하나였다.

"안희도, 미안해."

'사실은 말이야, 그때 그건 말이야, 내가 그랬던 이유는'으로 시작되는 말은 모두 생략했다. 그냥 결론은 그거였다. 그리고 제일 먼저 했어야 하는 말이기도 했다.

갑작스런 사과에 희도는 당황한 표정이 되었다가 금방 담담해졌다.

"됐어, 뭘 또."

애매하게 대답하며 희도가 자리에서 일어섰다. 아마 희도는 사과받을 것을 예상하고 나왔을 것이다. 나왔다는 건 이미 마음이 어느 정도 풀렸다고 이해해도 되는 걸까. 그다음 말을 찾지 못하는 내 어깨를 희도가 가볍게 툭 쳤다.

"뭐, 깁스도 오늘 풀었고. 봐."

희도가 깁스를 푼 오른 다리로 아까 내가 했던 우스꽝스러운 발 차기 흉내를 냈다. 벙쪄서 올려다본 희도의 얼굴은 편안해 보였다. 웃는 얼굴은 아니었지만 눈매가 부드럽게 풀려 있었다. 가방을 집어 들고 희도가 성큼 걸어가며 말했다.

"내일 학교에서 봐."

'내일 학교에서 봐.'

그 말을 속으로 따라 하며 나는 멀어져 가는 희도의 뒷모습을 보았다. 내 어깨에 올까 말까 한 작은 키. 튀어나온 뒤통수. 멋진 구석이라곤 눈을 씻고 봐도 하나 없는데 왜 마음이 이럴까.

미안하다는 말, 그리고 하고 싶던 또 다른 말이 하나 있었다. 아마 이건 앞으로도 할 수 없겠지만.

희도의 뒷모습이 완전히 사라질 때까지 나는 그 자리에 앉아 있었다.

6월 12일

"한 4센티미터 정도 떨어뜨려서 링을 끼우는 게 좋겠어. 그리고 링 안으로 털실 매듭을 지어 봐."

"이렇게요?"

"더 단단하게. 안 그러면 떨어질 수도 있으니까. 이쪽 끝은 라이터로 내가 마무리해 줄게. 끝을 살짝 그을려 주면 올이 안 나가."

도리안 언니와 나는 그날 이후 공방에서 하루 종일 인형 작업에 골몰했다. 어느 정도 괜찮은 실력이라고 스스로 자신하고 있었지만 막상 언니와 함께 만들다 보니 내가 얼마나 서툴고 손이 느린지 뼈저리게 느껴졌다.

"실을 더 세게 당겨야 자연스럽게 주름이 잡히지."

"앗, 네."

"바느질이 되지 않은 끝부분을 맞물리게 해야 돼. 이쪽은 풀어내야겠다."

"으앗, 죄송해요."

"그쪽을 박음질한 후에 여기 초록색이랑 붉은색 리본을 바느질해서 연결해 봐."

"자, 잠시만요."

혼나기도 하고 격려받기도 하며 정신없이 페스티벌에 나갈 소품들을 언니와 함께 만들었다. 학원에 가는 화요일과 목요일만 빼고 매일 학교가 끝나자마자 언니의 공방으로 달려갔다. 마음 같아서는 학원도 빠지고 싶었으나 도리안 언니가 엄격하게 반대했다.

"어차피 그 시간은 공방에서 원데이 클래스가 있어. 공부해."

서툴고 조악한 솜씨지만 언니의 도움을 받아서 하나씩 소품을 완성해 가는 기분은 말로 표현할 수가 없었다. 앤티크 코르사주가 달린 원피스, 장미 화관, 레이스 리본이 달린 챙이 둥근 페도라, 하얀 토끼털을 단 머플러 등 하나씩 완성품이 늘어 갈 때마다 마음이 붕 떠올랐다. 이걸 누군가에게 판매한다는 생각을 하니 더 그랬다.

"정말로 돈을 내고 사 줄까요?"

작은 헤어밴드에 공단 리본을 글루 건으로 붙이며 언니에게 물었다. 도리안 언니가 빙긋 웃었다.

"지금 만들고 있는 그 헤어밴드는 순식간에 다 팔릴걸. 색 배합도 센스 있고 잘 만들었어."

"정말요? 언니 거만 팔리고 제 건 하나도 안 팔릴까 봐 걱정도 되는데……."

"그럴 리 없다니까. 내가 괜히 널 스카우트했겠어? 재능 있어, 정말로."

나는 입 밖으로 새어 나오는 웃음을 꿀꺽 삼켰다. 종일 천 조각과 씨름하려니 눈도 아프고 힘도 들었지만, 그 이상으로 재미있었다. 누군가가 사 줄 거라는 생각을 하니 만드는 손에 저절로 흥이 났다. 방에서 혼자 만들고 혼자 좋아하던 때를 생각하면, 존경하던 도리안님과 이렇게 같은 공간에서 같은 일을 하는 자체가 마치 꿈 같았다.

"이제 정말 얼마 안 남았네. 6월 12일과 13일 이렇게 토, 일 이틀간이야."

언니가 방긋 웃었다.

"아마 그 주는 엄청나게 바쁠 거야. 포장도 해야 하고 가격도 정해서 붙여야 하고."

"어떡해. 엄청 떨릴 거 같아요."

"아마 행사 참가자 초대권이 미리 나올 텐데 초대하고 싶은 친구들이나 가족 나눠 줘."

나는 말문이 막혔다. 당연한 일이지만 엄마와 아빠에게만 말

한 상태였다. 희도를 뺀 반 친구들 누구도 내가 돌 페스티벌에 참가하는 걸 알지 못했다. 말할 생각조차 하지 못했다.

왜 나는 말하지 못하는 걸까? 친구들이 생각하는 정지수와 지금 여기에서 인형 소품을 만들고 있는 정지수의 온도 차. 내가 생각하는 것만큼 정말 큰 차이일까. 친구들이 정해 놓은 정지수라는 틀. 그것과 안 어울리는 일을 하는 게 그렇게 부끄러운 일일까.

문득 희도를 떠올렸다.

"고작 남의 시선 때문에 좋아하는 걸 부끄럽게 여기는 내가 더 부끄럽게 느껴져서."

희도의 목소리가 귀에서 울렸다.

"그럴게요."

나는 왜 남들이 멋대로 만들어 놓은 그 이미지에 계속 집착하는 걸까. 초라하고 내성적인, 누구의 주목도 받지 못했던 한 여자아이가 내 안에서 조금 고개를 들었다. 예전처럼 지워 버리지 않고 나는 그 아이의 눈을 똑바로 바라보았다.

다음 날 체육 시간에는 계속 달리기 기록만 쟀다. 처음에는 모두 뛰다가 나중에는 빠른 몇 명만 뛰게 한 후 기록을 쟀다. 전날 공방에서 웅크리고 바느질만 했던 나는 몸을 펴고 신나게 뛰었다. 결과는 2등과 상당한 차이로 1등이었다.

"정지수, 넌 다른 반이랑 따로 할 거 없이 확정."

체육 선생님의 말에 영문은 몰랐으나 그냥 고개를 끄덕였다. 운동회 때 반 대표 같은 건가 보다 하고 가볍게 생각했다.

그게 아니라는 걸 알게 된 건 점심시간 이후였다.

"정지수, 담임 선생님이 너 교무실로 오래."

반장의 말에 나는 부스스 일어나서 교무실로 향했다. 어젯밤에 늦게까지 천을 만지작거리느라 잠이 모자라서 눈이 피곤했다. 크게 하품을 하며 교무실로 들어서는데 체육 선생님이랑 문 앞에서 딱 마주쳤다.

"입 찢어지겠다, 정지수."

"앗."

얼른 입을 가리자 체육 선생님이 머리를 콩 두드렸다.

"앞으로 연습 많이 해야 하니까 밤엔 푹 자라."

"네?"

'무슨 연습요?' 하고 물으려는데 체육 선생님이 먼저 성큼성큼 복도로 걸어가 버렸다. 고개를 갸웃하며 나는 담임 선생님 앞에 가 섰다.

"부르셨어요?"

"그래, 정지수. 체육 선생님께 얘기 들었니?"

담임 선생님이 고개를 들어 나를 보았다. 나는 고개를 저었다.

"아뇨, 무슨 얘기요?"

"너 육상 도 대회에 학교 대표로 나가게 됐다."

"육상 대회요?"

처음 듣는 얘기에 놀라서 되묻자 선생님이 빙긋 웃었다.

"너 말고 몇 명 더 나가는데 지수가 제일 기대주라고 하시더라."

"아…… 제가요?"

"열심히 연습해서 좋은 성적 받아 와라. 그럼 하반기 전국 대회에 보낼 생각이시더라."

나는 덤덤하게 선생님의 말을 들었다. 나쁠 것은 없었다. 가장 잘하는 것이 체육이니까 대회에 나가는 게 당연한 일일지도 몰랐다. 학교 대표라고 하니 꽤 뿌듯하기도 했다.

"대회 나가면 체육 특기생 자격도 주어지니까 진학할 때도 좋을 거고. 너, 그 재능 펼쳐야 하지 않겠니? 시기적으로도 딱이니까 꼭 나가야 한다."

"네."

"부모님께 내가 전화드릴게. 가만있자, 대회 날이……"

선생님이 책상 위의 달력을 집어 들더니 날짜 하나를 손으로 짚었다.

"그래, 그러니까, 6월 12일이네."

선생님이 내 쪽으로 달력을 돌려서 보여 주었다. 손가락 끝에 12라는 숫자가 걸려 있었다. 순간 멍해진 나는 뚫어지게 그 숫자만 바라보았다. 12. 12일. 6월 12일. 아무 말 하지 못하고 선 내

게 선생님이 말을 덧붙였다.

"토요일이네."

틀림없었다. 6월 12일 토요일. 식은땀이 흐를 것 같았다. 하고 많은 날짜 중에서 어떻게 이렇게 딱 겹치는 걸까. 왜 이렇게 운이 없는 걸까.

"6월 12일. 얼마 안 남았으니 몸 관리 잘해야겠다."

선생님이 입가에 미소를 지으며 내 어깨를 두드렸다. 나는 어떤 말도 할 수가 없었다.

정말로 하고 싶은 것

"저 그만 먹을래요."

나는 수저를 놓고 자리에서 일어났다. 불고기와 달걀말이, 오징어볶음. 전부 좋아하는 반찬들인데 입맛이 영 없었다. 거의 손을 대지 않은 내 밥을 보며 아빠가 한마디 했다.

"대회 준비하려면 잘 먹어야지. 그렇게 깨작깨작하면 어떻게 뛸래?"

"잘 먹었습니다."

뭘 먹지도 않는데 얹히는 기분이라 얼른 자리에서 빠져나왔다. 그대로 방에 들어간 나는 침대에 푹 엎어졌다.

"어떡하지."

담임 선생님은 그날 바로 부모님께 전화를 했고, 무지갯빛 미래의 얘기까지 들은 엄마와 아빠는 적극적으로 대회 참가에 동의했다. 돌 페스티벌에 나가는 걸 모르는 아빠는 그렇다 치고, 그동안 준비해 온 걸 다 알고 있는 엄마까지 육상 대회 참가 쪽을 마땅히 생각하는 게 못내 서운했다.

선생님, 친구들, 부모님 모두가 나의 육상 대회 참가를 당연하게 생각하고 있었다. 지금 내가 다른 답을 고른다면 감당이 안 될 정도로 난리가 날 것이 분명했다. 도리안 언니 한 명에게만 욕먹고 돌 페스티벌을 포기하는 편이 내게는 가장 편한 방향이었다. 고민 끝에 아까는 도리안 언니에게 전화까지 걸었다.

그러나 차마 말이 떨어지지가 않았다.

"그래, 오늘 하루는 좀 쉬어. 요새 너무 매달리긴 했어, 너."

오늘 공방에 못 간다며 횡설수설하는 내 말에 언니가 태평하게 말했다.

"맛있는 거 먹고 다음에 봐. 내가 두 배로 해 놓고 있을게."

'언니, 저 페스티벌 참가 힘들 거 같아요. 죄송해요.'

나는 결국 그 말을 끝까지 못하고 전화를 끊었다. 미안해서 말이 잘 안 나온 것도 있지만 그게 가장 큰 이유는 아니었다.

정말로 언니랑 같이 페스티벌에 나가고 싶었다.

나는 베개에 얼굴을 파묻었다. 소질, 재능, 미래, 진학. 선생님과 부모님 입에서 나왔던 단어들이 무거운 무게로 가슴에 얹혔다. 오랫동안 동경했던 일, 진짜 내가 하고 싶었던 일이 그 무거운 단어들에 짓눌려 하잘것없이 내동댕이쳐지는 느낌이었다.

"지수야. 엄마 들어간다."

방에 들어온 엄마가 침대 끝에 앉아서 내 등을 두드렸다. 마지못해 몸을 일으키자 엄마가 짧게 한숨을 쉬었다.

"밥도 안 먹고. 이게 고민할 일이니?"

"……"

"너 바느질하고 인형 만들고 그런 거 엄마가 하지 말라고 한 적 있어?"

"아니……"

"하는 거 뭐라고 안 해. 그렇지만 취미로 해야지. 그게 네 미래에 걸림돌이 되는 거라면 이제부턴 강력하게 반대야."

"내 미래?"

"넌 신체 조건도 좋고 운동 신경도 뛰어나잖아. 확실한 길로 가는 건데 왜 죽상이야? 지수야, 이건 고민할 가치도 없어."

내가 좋아하고 빠져 있는 일들이 고민할 가치도 없을 정도로 하찮은 것들이야? 울고 싶은 심정으로 나는 엄마를 쳐다보았다. 이 일을 내가 얼마나 좋아하는지 엄마는 몰랐다. 저렇게 단호한 입매를 한 엄마에게 내 심정을 설명하고 싶지도 않았다. 저런 표정의 엄마는 내가 무슨 말을 해도 튕겨져 나간다는 걸 알기 때문이었다.

"일찍 잘래요."

이불을 뒤집어쓰고 내가 중얼거렸다. 나가려다가 엄마가 한마디 더 했다.

"페스티벌 같은 건 해마다 있잖아. 다음에 나가면 되지. 어느 것이 중요한지는 너도 머리가 있으면 잘 알겠지."

엄마가 나간 후에 나는 착잡한 마음으로 휴대폰을 들었다. 엄마가 저렇게까지 얘기하는데 대항할 의욕도 자신도 없었다. 도리안 언니에게 전화를 하려다가 도저히 용기가 나지 않아 메시지 보내기를 클릭했다.

언니…… 정말 죄송해요. 이번 페스티벌 저 못 나갈 것 같아요…….

전송 버튼 위에 손가락만 대고 한참 망설이다가 나는 결국 취소를 눌렀다.

그 대신 다시 메시지를 입력했다.

 안희도. 혹시 내 얘기 좀 들어 줄 수 있어?

딱 한 명에게 더 이야기해 보고 싶었다. 내가 무엇을 좋아하는지 알고 있는 사람, 내 마음을 객관적으로 읽어 주고 상황을 이해할 수 있는 사람. 아무리 생각해도 안희도뿐이었다. 희도밖에 털어놓을 사람이 없었다.

사이가 예전과는 완전히 달라졌어도 내 말을 들어 줄까. 아무 답이 없어도 할 말은 없었다. 언제부터 그렇게 친했다고 얘기를 들어 주냐고 비꼬는 답이 온대도 어쩔 수 없었다.

반은 희망, 반은 포기의 심정으로 나는 휴대폰을 지켜보았다.

얼마 지나지 않아 휴대폰에 깜박깜박 불이 들어왔다. 나는 벌떡 일어났다.

 무슨 일이야? 나 지금 학원 끝남. 상가 앞 편의점으로 나오든가.

깜박 잊은 준비물을 산다고 둘러대고 밖으로 나온 나는 편의점으로 곧장 뛰었다. 편의점 앞 테이블에 앉아 컵라면을 먹고 있던 희도가 나에게 손을 들어 보였다.

"되게 빨리 나왔네. 톡 보낸 지 오 분밖에 안 됐는데."

"내가 좀, 빠르잖아."

헉헉거리며 대꾸하자 희도가 고개를 끄덕이며 선선히 대답했다.

"하긴 그러니까 대회에 나가겠지. 축하해."

그 말을 듣는 순간, 말문이 탁 막혔다. 내가 무슨 짓을 하고 있는 건지 그제야 자각했다.

내 실수 때문에 기대했던 콩쿠르에 못 나가게 된 애 앞에서 대회를 나가느니 마느니 어떻게 그런 걸 고민이라고 털어놓을 수가 있단 말인가. 스스로가 염치도 없고 뻔뻔하게 느껴져 양 볼이 화끈거렸다. 나는 희도에게 빙그르 등을 돌렸다.

"나, 갈게."

"엥? 뭐?"

놀란 희도가 라면을 먹다 말고 테이블에서 일어났다. 다시 집으로 달려가려는데 희도가 내 후드 티 모자를 잡아당겼다.

"불러 놓고 뭐 어쩌라는 거야. 너 진짜 어이없다."

"미안. 근데 이거 놔. 나 진짜 말 못 하겠어서."

"야, 정지수. 대체 뭔데 그래. 말하고 나서 미안해하라고. 넌 애가 왜 그러냐."

힐끗 돌아보니 정말로 희도 얼굴이 화난 듯이 보여서 가슴이 덜컹했다. 나는 작게 중얼거렸다.

"대회랑 관련된 일인데 그런 얘기를 너한테 한다는 게……. 나 진짜 생각 없지."

"앉아, 일단."

내 말을 들은 희도가 자기 자리 맞은편을 가리키며 말했다. 나는 순순히 앉아서 얼굴을 감쌌다.

"말할 사람이 너밖에 생각이 안 났는데, 너한테 이런 얘기 할 자격이 없다는 게 지금 생각났어. 미안……."

"알고 있어."

희도가 옅게 미소를 띠었다.

"뭘 알아?"

"너 별로 생각 없는 거."

희도의 농담을 받아치려다가 나는 어깨를 축 내려뜨렸다.

"알아. 나도. 나 진짜 그런 듯."

"왜 이래? 농담을 다큐로 받고."

"그러니까 이렇게 너를 불러내고, 육상 대회랑 돌 페스티벌이랑 겹쳤는데도 뭘 어쩌지도 못하고……."

내 말을 들은 희도의 눈이 커졌다.

"날짜가 겹쳐?"

"그렇게 됐어."

나는 더듬더듬 하나씩 이야기해 나갔다. 선생님의 권유와 부모님의 반대, 도리안 언니에 대한 미안함과 그로 인해 이러지도 저러지도 못하고 있는 지금. 어떤 쪽으로 가더라도 누군가에게 비난을 받아야 하는 이 상황.

내 이야기를 잠자코 듣고 있던 희도가 불쑥 입을 열었다.

"그래서 너는 어떻게 하고 싶은데?"

"응?"

"계속 다른 사람들 이야기만 하고 있잖아. 선생님, 부모님, 우리 누나. 지금 상황이 난처한 건 알겠는데 정작 네가 어떻게 하고 싶은지는 얘기가 없어서."

나는 멍하니 희도의 얼굴을 바라보았다. 희도가 짧게 숨을 뱉

으며 팔짱을 꼈다.

"늘 생각하지만 왜 넌 그렇게 남을 신경 써?"

"……."

"자꾸 스스로를 남에게 맞추려고 하잖아. 남에게 보여지는 게 그렇게 중요한가?"

"지금…… 그런 얘기를 하고 있는 게 아니잖아. 나는 그러니까……."

"아니, 그런 얘기 하고 있는 게 맞아. 결국 같은 얘기야."

희도가 단호하게 말을 끊었다. 우리 둘 사이에 침묵이 흘렀다. 혼란스러운 와중에 희도가 계속 말을 이었다.

"아까 생각 없다는 말 취소. 넌 지나치게 생각이 많아. 그런데 그 생각이라는 게 늘 남에게 맞추기 위한 것이라는 게 문제야. 네 스스로 무언가를 하기 위한 생각이라기보다는."

나는 아무 말도 할 수가 없었다.

"정지수. 일단 마음을 정하고 나면 그 이후의 일들은 어떻게든 다 흘러가게 돼 있어. 세상에는 한 가지 방법만 있는 게 아니니까. 잘 찾으면 어떻게 할지는 보여. 결국 제일 중요한 건 네 결정이야."

희도는 나를 보았다.

"그럼에도 못 하는 이유는 겁이 나서인 거야. 근데 있잖아. 남의 시선보다 더 무서운 건 결국 네 목소리를 죽이는 거라는 거 알아? 계속 죽여 가다 보면 정말 네 자신이 없어지게 되거든."

나는 가만히 손을 마주 쥐었다. 희도에게 듣고 싶었던 이야기는 이런 게 아니었다. 격려받고 위로받고 그리고 괜찮다는 이야기를 듣고 싶었다. 죄책감을 덜고 싶었다.

아니, 솔직해지자. '육상 대회라면 어쩔 수 없네. 내가 누나에게 잘 이야기해 볼게.' 같은 답을 기대하지 않았다면 거짓말이다.

도리안 언니가 내게 실망하는 게 두려웠다. 언니뿐 아니라 누구에게나 그랬다. 아무에게도 들키고 싶지 않았다. 내가 우유부단하고 마음 약한 겁쟁이라는 걸.

"그러니까 정지수, 네가 정말로 하고 싶은 게 뭐야?"

진짜 정지수

전에 살던 동네에서의 나는 전혀 눈에 띄지 않는 아이였다. 정말로 특징이라고는 하나도 없었다. 반 아이들은 어렵지도 않은 내 이름을 잘 외우지 못했다. 학기가 끝날 때까지 내 이름을 잘못 부르는 아이도 몇 명 있었다. 나는 그 애들에게 굳이 내 이름을 고쳐 가르쳐 주지 않았다. 그건 내게 관심이 없기 때문이라는 것을 알았으니까.

그런 성격이었다, 나는.

말주변이 없었고, 겉모습도 평범했고, 성적도 그냥 그랬고, 주목받을 만한 부분이 하나도 없는 여자아이였다. 친구들은 있었지만 재미없는 성격이라 단짝은 없었다. 튀지 않는 무리 안에서 적당히 맞장구치며 그렇게 지내 왔다. 그래서 그런지 내가 이사를 해서 전학 간다고 해도 울어 주는 친구는 한 명도 없었다.

역시 그러려니 했다.

"지수야, 너는 얼굴이 좀 긴 편이니까 머리를 짧게 잘라 보자."

시작은 미용실을 하는 이모의 제안이었다. 그때도 취향만은 공주과라서 처음에는 거부했지만 이모는 우리 집안에서 가장 끈 질긴 사람이었다. 기가 약한 내가 이모를 이길 수 있을 리가 없었다.

"야, 너는 평생 커트 머리 해야겠다."

완성된 내 머리를 매만지면서 이모가 감탄의 말을 내뱉었다. 아마 그때부터였던 것 같다. 정지수가 생각지도 못한 방향으로 변하기 시작한 것은.

겨울 방학 동안 훌쩍 키가 커지고 새 학기에 새 학교로 전학을 가서 만난 게 바로 민시영.

"너 우리 오빠랑 이미지가 완전 비슷하다. '맥스터'라고 내가 좋아하는 아이돌인데 혹시 알아?"

나를 빤히 쳐다보다가 붙임성 있게 말을 걸어온 시영이는 이 학교에서 첫 친구가 되었다. 말이 별로 없는 나를 시영이는 적극적으로 이끌어 주었다.

"지수는 이런 옷이 어울릴 것 같아. 지수는 이걸로 할 거지?"

"지수는 그렇게 말할 줄 알았다니까. 방금 그런 말투 진짜 좋아."

스스로 뭘 하지 않아도 시영이가 시키는 대로 하면 틀림없었다. 존재감이 환한 시영이 옆에 있으니 아이들이 내게 주목하기 시작했다.

또한 새 담임 선생님은 체력이 국력이라 생각하는 분이라 달리기에 피구에 축구에 틈만 나면 운동장으로 아이들을 집합시켰다. 키도 크고 타고난 체력도 좋은 나를 선생님은 크게 칭찬했다.

"정지수는 운동 신경을 타고났네."

칭찬을 받아 본 기억이 별로 없는 나는 신나서 더 열심히 했다. 아이들은 나와 친해지고 싶어 하고, 같이 이야기하고 싶어 했다. 내가 특별히 무언가를 하지 않아도 반드시 시선을 주었다. 전 학교의 정지수와는 완전히 다른 인물로 태어난 듯한 기분이었다.

처음에는 이 모든 게 신기하고 어색했다. 그러나 시간이 지나면서 그런 정지수에 익숙해지기 시작했다. 의식적으로 행동하던 것들이 자연스럽게 몸에 배었다. 목소리와 동작이 커지고 성격이 활발해졌다. 아이들이 어떤 나를 원하는지 잘 알게 되었으므로 겉모습도 바라는 대로 신경을 썼다. 대놓고 얘기해 주는 시영이도 있었으므로.

"지수는 아이돌 같아. 맥스터보다 가끔 더 멋있어."

어떻게 행동해야 할지 결정하는 것도 쉬웠다. 가끔 내 의지와 상관없이 예전의 정지수가 튀어나올 때도 있었다. 그럴 때 아이들의 실망하는 눈빛은 나를 다시 다짐하게 만들었다.

예전으로는 돌아가지 않아. 이게 진짜 내 모습 맞다니까.

중성적인 외모의 정지수, 키 크고 운동 만능인 정지수, 사소한 일에 신경 안 쓰는 정지수, 쿨하고 상쾌한 정지수.

원하는 내 모습을 찾았다고 생각했다. 어울리는 것을 찾았으니 유지만 하면 된다고 생각했다.

소심해서 작은 일에도 신경 쓰고, 남을 지나치게 의식하고, 걱정 많은 애는 꼭꼭 내 안에 숨겨 두었다. 그런 모습은 친구들이 생각하는 정지수와 너무나 다른 모습이니까 보이고 싶지 않았다. 예전의 정지수로 돌아가고 싶지 않았고 친구들을 실망시키고 싶지 않았다.

하지만 가끔 내 안의 진짜 정지수가 마구 문을 두드릴 때가 있다. 질식 직전까지 가도 절대 죽지 않는 끈질긴 내 진짜 모습.

취향이라는 것은 참 신기하다. 태어나면서부터 유전자에 각인된 것처럼 잘 변하지가 않는다. 나는 예쁘고 귀여운 게 좋다. 아기자기하고 깜찍한 걸 보면 나도 모르게 기쁨의 비명이 새어 나왔다. 사랑스러운 것들을 만지는 게 행복했다. 예전의 나는 그래도 상관없었으나 지금의 나는 그렇게 할 수 없었다.

"지수야, 너는 이런 거 별로 안 좋아하지?"

"그냥 우리가 좋아하니까 맞장구쳐 주는 거지? 우리 지수 이런 거 관심 없잖아."

그때, '나도 이런 거 좋아해.' 하고 얘기했으면 좋았을걸. 나는 왜 한마디도 하지 않았을까.

집으로 돌아온 나는 내 방을 천천히 둘러보았다.

책상 위에는 알록달록한 원단과 부자재, 리본 하나까지 공들여 만든 인형 드레스, 포장된 소품과 아직 마무리가 덜 된 소품들. 벽 한 면을 차지하고 있는 선반 위에는 나나와 릴리, 캐롤, 크리스, 에이린……. 하나하나 이름을 붙여 주고 매일 말을 걸어 주고 틈만 나면 옷을 갈아입혀 주며 예뻐했던 인형들이다. 침대 옆 탁자와 서랍에는 모으기만 하는 액세서리들. 차마 하고 다니지는 못해도 가끔씩 꺼내 보기만 해도 좋은 화려한 머리띠, 보석 달린 귀걸이, 반짝이는 목걸이.

그리고 벽에 서 있는 전신 거울. 나는 거울 앞에 다가가 가만히 섰다. 키가 크고 짧은 머리에 얼굴이 가무잡잡한 내 모습이 비쳤다. 이 소녀스러운 방과는 우스꽝스러울 정도로 어울리지 않는 모습이었다.

늘 그랬다. 어울리지 않는다고 민망해하고 창피해하고 나 스스로 자신을 부끄럽게 여겼다. 그러니까 숨기려 하고 덮으려 하고 들킬까 봐 전전긍긍하고. 아무도 나한테 뭐라고 한 적 없는데 있는 그대로 솔직해질 용기가 없었다.

생각해 보면 나는 항상 누군가를 의식하면서 살아왔다. 예전

으로 돌아갈까 봐, 지금 누리고 있는 것들을 잃을까 봐, 온전히 내 공간인 내 방에서조차 남의 시선을 기준으로 스스로를 낮추고 숨기고 죽이고.

"진짜로 내가 하고 싶은 걸 하자."

거울에 비친 내가 목소리를 냈다. 입으로 뱉는 순간 좀 더 분명하게 자신이 생겼다. 거울 속의 내 뺨에 생기가 돌았다.

지금부터 어떤 용기가 필요한지 속으로 헤아려 보았다. 내가 진짜 나이기 위해 가장 먼저 무엇을 해야 하는지.

결정

이후의 날들은 내가 경험하지 못했던 폭풍이었다.

육상 대회는 그냥 넘기고 돌 페스티벌에 참가하겠다고 하자, 예상했던 대로 엄마는 펄펄 뛰었다.

"너 철이 없어도 이렇게 철이 없니? 그깟 소꿉장난 같은 만들기 때문에 이렇게까지 할래?"

준비했던 설득의 말은 생각처럼 매끄럽게 나오지 않았다. 엄마 앞에서 계속 튕겨져 나가는 말 때문에 점점 낙심하고 있는데, 생각지도 못하게 아빠가 내 편을 들어 주었다.

"애가 이렇게까지 얘기하는데, 잡기만 하면 어떡해?"

"당신은 지금 여기서 그런 말이 나와?"

"일단 나랑 얘기 좀 해."

내 앞에서 엄마, 아빠가 방문을 쾅 닫고 들어갔다. 나는 거실에 가만히 앉아 있다가 조용히 내 방으로 들어갔다. 그리고 편지지와 펜을 꺼냈다.

말이 제대로 닿지 않는다면 글로라도 전달해야만 했다.

엄마 귀에 내 말이 들리지 않는 거 같아서 이렇게 편지를 써.

첫 문장을 쓴 후 나는 종이에 얼룩을 만들며 한참 동안 손을 멈추었다. 무엇부터 써야 하는 걸까. 전학 오기 전의 이야기? 이 학교에서 있었던 일들? 지금 내가 좋아하는 것들?

무엇을 쓰든지 가장 하고 싶은 말은 한 가지였다.

엄마 말처럼 페스티벌은 다음 해에도 있어. 하지만 내게
꼭 이번이어야 하는 이유는

나는 잠깐 심호흡을 했다가 다시 써 내려갔다.

내가 처음으로 나 자신을 인정하고 사랑하기로 용기 낸
순간이라서야.
내가 처음으로 좋아하는 것을 찾아 스스로 해 보기로 한
순간이라서야.

엄마 말대로 진학의 중요성에 비하면 애들 장난일지도 모르지만 내 인생에서 주체적으로 딛는 첫발자국이라 내겐 너무 중요해.
육상 대회는 내년에도, 내후년에도 있어.
하지만 인생에서 나를 바꿀 수 있는 용기를 주는 결정적인 때는 몇 번 오지 않아.
이번이 내게는 그래, 엄마.

제일 의외의 반응을 보인 건 도리안 언니였다. 도리안 언니는 아무 말도 하지 않았다.

내 결심에 대해 칭찬도, 걱정도 혹은 충고의 말도 꺼내지 않았다. 그저 평온하게 나를 보더니 가만히 고개를 끄덕였다.

"그럼, 시작할까? 오늘도 바쁘겠네."

아마 내가 육상 대회를 선택하여 더 이상 작업을 못 한다고 했더라도 아마 똑같이 반응했을 거라는 생각이 들었다. '그래? 앞으로 바쁘겠네. 그럼 들어가 봐.'라고 하지 않았을까.

담담하지만 확실한 언니의 표정이 희도와 묘하게 비슷해서 순간 마음이 사뿐해졌다. 재빠르게 손을 놀리는 언니에게 내가 말했다.

"항상 고마워요, 언니. 어린애 취급 안 해 줘서요."

"어린애?"

언니가 손을 멈추고 방긋 웃었다.

"저번에도 얘기했지만, 어린애로 생각했으면 같이 페스티벌 나가자고도 안 했어. 네 스스로 하는 결정이면 어떤 것이든 존중해."

그 말이 그 무엇보다 힘이 되었다. 말끝이 단호한 것도 희도와 닮았다고 나는 속으로 생각했다.

교무실로 나를 부른 담임 선생님은 한동안 말이 없었다.

"돌 페스티벌?"

긴 한숨 뒤 예상했던 말이 줄줄이 이어졌다.

"정지수, 정신 차려. 그런 게 뭐가 중요하다고 대회를 안 나간대. 말도 안 되는 핑계로 대회 포기할래? 언제부터 네가 그런 걸 좋아했다고 그런 시답잖은 곳에 나가?"

모두 짐작했던 말이기 때문에 나도 준비해 온 것을 꺼냈다.

"선생님, 이것 좀 보세요."

남색 레이스를 둘러 만든 검은 벨벳 드레스였다. 이번 페스티벌에 내갈 작품들 중 두 번째로 공들여 만든 것으로, 치마폭에 밤하늘의 별처럼 작은 진주들을 하나하나 매달았다.

드레스를 들여다보는 선생님의 얼굴이 점점 복잡해졌다. 방금까지만 해도 단 한 가지의 표정이었던 얼굴에 여러 가지 감정이 만화경처럼 어렸다.

"네가 만들었다고?"

그 오묘한 표정들 중에서 나는 분명히 감탄을 읽었다. 고개를 끄덕이는 나를 보며 선생님의 미간이 연하게 찌푸려졌다.

나쁜 징조는 아니었다.

"나 너희에게 줄 게 있어. 이따가 2교시 끝나고 운동장 뒤 벤치로 가자."

여느 때처럼 내 책상 주위로 모인 친구들에게 나는 그렇게 말했다.

"간식 가져온 거야?"

천진하게 시영이가 물었지만 나는 아무 대답도 하지 않았다.

가장 마음이 어려웠던 게 친구들에게 털어놓는 일이었다. 부모님이나 선생님, 그리고 도리안 언니에게 얘기하는 것보다 이게 더 힘들었다.

지금의 정지수 모습의 대부분은 친구들이 만들어 놓은 것이라고 생각했다. 거기에 맞춰서 정말로 그런 척 연기해 놓고는 사실은 그게 진짜가 아니었다는 말을 꺼내는 게 너무 무서웠다. 내가 무엇을 좋아하는지, 그런 것들을 솔직하게 보여 줬을 때 친구들 얼굴에 어릴 실망감이 두려웠다.

"지수가 남친이었음 좋겠다."

"우리 반 아이돌이잖아. 맥스터보다 멋있어. 성격도 쿨하고."

거기에 맞춰서 일부러 남자 옷을 사고, 남자애처럼 행동하고,

소심의 끝을 달리는 성격임에도 쿨한 척 신경 안 쓰는 척 연기하고. 여자아이들에게 주목받고 관심받는 게 기뻤다. 전 학교에서는 존재감도 없던 나를 여기서는 마치 아이돌처럼 떠받들어 주는 게 신기하고 좋았다. 다시 원래대로 돌아가면 내가 견딜 수 있을까 싶었다.

그래서 아이들에게 얘기할 날을 차일피일 미루고 있었는데 바로 어제 도리안 언니가 내게 봉투를 내밀었다.

"이게 뭐예요?"

"참가자에게만 주는 초대권이야."

봉투 안에는 금박으로 인쇄된 초대권이 스무 장 들어 있었다.

"무료입장 가능한 티켓이니까 가족이나 친구들에게 나눠 줘."

나는 봉투의 초대권을 꾹 쥐었다. 정말로 이야기해야만 할 때가 왔고 그게 바로 오늘이었다.

2교시가 끝나자마자 나를 따라서 시영이를 비롯한 여자아이들이 우르르 벤치로 모여들었다. 내 팔짱을 꼭 낀 시영이가 웃으며 나를 보았다.

"줄 게 뭔데 이렇게 따로 불러?"

"일단 이거부터 받아 줘."

나는 주머니에서 봉투를 꺼내 아이들에게 한 장 한 장 초대권을 나누어 주었다. 아이들이 어리둥절한 얼굴로 초대권을 받아 들었다.

"돌 페스티벌?"

누군가 소리를 내어 읽었다.

"이 초대권은 뭐야? 혹시 친구가 여기 나가?"

영문을 모르겠다는 얼굴로 미예가 물었다. 나는 고개를 저었다. 그리고 몇 번이나 연습한 대로 말했다.

"나 여기에 판매자로 참가해. 6월 12일이랑 13일 이틀간. 시간 되면 꼭 와 줘."

아이들이 놀란 눈으로 나를 보았다. 시영이도 커진 눈으로 물었다.

"판매자? 여기에 참가한다고?"

"응."

"뭘 파는데?"

"인형 옷이랑 액세서리. 지금 인형도 만드는 중이야."

아이들의 눈이 다시 초대권으로 향했다. 지혜가 놀라움이 묻은 목소리로 중얼거렸다.

"와, 정지수가 이런 걸 한다니. 전혀 몰랐어."

그 말을 시작으로 아이들이 와글와글 떠들기 시작했다.

"그럼 지수 네가 인형 옷을 직접 만들어 파는 거라고? 대박. 웬일이야."

"인형 액세서리도 만든다잖아, 정지수가. 상상도 안 된다."

아이들의 표정에 놀라움 말고는 아직은 다른 감정이 없는 것 같아 가슴을 쓸어내리며 나는 천천히 말했다.

"있잖아, 나 인형 좋아해. 인형 옷 만드는 것도 좋아하고."

아이들이 일제히 나를 바라보았다.

"말 안 했는데 예쁘고 귀여운 거 진짜 좋아해. 작고 귀여운 미니어처 그런 거에 정말 눈 돌아가고 그래."

아이들에게 어떤 말이 나올지 몰라서 나는 빠르게 말을 이었다.

"귀엽고 예쁘고 사랑스럽고 그런 게 사실 내 취향이라서 예전부터 직접 만들어 왔어. 너희들에게 말 안 한 건 너무 나랑 안 어울려서……."

안 어울려서. 내가 생각해도 안 어울려서. 그래서 실망할까 봐. 너희들이 내 어떤 점을 보고 좋아하는지 잘 아니까.

"그런데 좋아하는 건 어쩔 수 없더라고. 좋은 기회가 있어서 나가기로 했는데 너희들에게 이제는 말하고 싶어서."

정말로 이제는 말하고 싶었다. 진짜로 내가 좋아하는 것, 내가 하고 싶은 것, 더 이상 다른 사람에게 맞추지 않는 것을 하고 싶었다.

"그러니까 시간 되면…… 와 줄래?"

자신 있게 끝까지 말하려고 했는데 마지막에는 목소리가 나도 모르게 기어 들어갔다. 제대로 내 말이 전달됐는지 아이들의 표정을 살필 틈도 없이 미예가 소리쳤다.

"갈게, 갈게, 나 갈게!"

"나도 갈래!"

"지수야, 나 한 장만 더 줘. 언니랑 가게. 나 꼭 갈게!"

내가 그렇게나 걱정했던 일은 전혀 없었다. 나는 놀라운 기분으로 멍하게 자리에 서 있었다. 싸늘한 실망감, 차가운 비웃음의 결말을 몇 번이고 시뮬레이션했는지 모른다. 그렇지만 용기를 낸 현실은 생각 이상으로 간단하고 호의적이었다.

"넌 지나치게 생각이 많아. 일단 마음을 정하고 나면 그 이후의 일들은 어떻게든 다 흘러가게 돼 있어."

희도가 해 주었던 말이 머릿속으로 떠올랐다. 눈시울이 뜨거워질 거 같아 나는 일부러 목소리를 크게 높였다.

"꼭 와서 구경해. 야아, 나 너희 생각보다 잘 만들어!"

까르르, 아이들의 웃음소리에 나도 같이 웃었다.

"그래, 얼마나 잘했나 꼭 가 볼게."

화기애애한 맞장구가 다정하게 날아왔다. 아, 이렇게나 쉬운 거었다. 진작 이렇게 인정할걸. 전부 다 얘기할걸. 붕 뜬 기분으로 날아오를 때였다.

"난 안 가."

머릿속에서 최악의 결말로 시뮬레이션했던 그 말투 그대로, 시영이가 내뱉었다. 나는 땅에 곤두박질치는 기분으로 시영이를 보았다.

"너희나 실컷 가."

시영이의 손에서 초대권이 팔랑 날아 땅에 떨어졌다. 시영이
는 매서운 눈으로 나를 노려보고는 자리를 떠났다.

그 눈빛도 역시 똑같았다. 상상 속의 가장 나쁜 결말 안에 있
던 눈빛과.

민시영

시영이와는 무려 삼 년간이나 같은 반이었다.

"와, 지수야, 우린 역시 운명인가 봐."

같은 반이 될 때마다 시영이는 내 손을 붙잡고 팔짝팔짝 뛰며 기뻐했다.

새 학교의 새 학기 첫날, 긴장해서 몸만 굳히고 있던 내 옆자리에 앉은 시영이의 모습을 아직도 생생히 기억한다. 곱슬거리는 머리를 빨간색 리본으로 묶은 얼굴이 작고 하얀 소녀. 그 애가 고개를 갸웃하며 상냥한 말투로 말을 걸어왔다.

"'맥스터'라고 내가 좋아하는 아이돌인데 혹시 알아?"

"맥스터? 자, 잘 모르는데."

"흐응, 너랑 비슷하게 생겼어."

그러고는 상큼한 입매로 웃어 보였다.

"난 민시영이야. 작년에는 1반이었는데. 넌?"

"나는 정지수야. 나는…… 다른 학교에서 왔어."

"정말? 그럼 내가 여기서 네 첫 친구 해야지!"

그때의 내 기준으로는 믿을 수가 없을 정도의 친화력이었다. 처음 보는 아이에게 아무렇지 않게 먼저 말을 걸고 친구라고 선언하고. 나랑은 완전히 다른 부류라고 생각했다. 그러니 이 아이 역시 금방 나에게 질려 떠날 거라고 지레짐작했다.

그러나 시영이는 삼 년 내내 내 곁에 있었다.

"지수지수, 청소 기다려 줄게. 나랑 같이 가."

"지수야, 네가 내 남친이면 좋겠당."

"정지수우, 우리 중학교 때도 같은 반 돼야 하는데."

그래서 시영이는 절대로 잃을 수가 없었다.

종례하자마자 말없이 사라진 시영이에게 나는 몇 번이나 전화를 걸었다. 시영이는 한 번도 받지 않았다. 그러나 희도 때처럼 초조하진 않았다. 시영이와는 같이 쌓아 온 시간이 삼 년이었다. 그 시간만큼 이어진 것들이 시영이와는 참 많았다. 예를 들어 서로의 집 전화번호라든가, 집 주소라든가, 엄마들의 친분이라든가.

"어머, 지수구나. 시영이 집에 있는데 바꿔 줄까?"

반가운 목소리로 시영이 엄마가 전화를 받았다. 수없이 놀러 간 시영이네 집. 그러나 시영이는 한 번도 우리 집에 놀러 온 적 없었다. 내 취미를 들킬까 봐 지레 겁먹고 계속 핑계 대며 피하기만 했으니까.

"아뇨, 괜찮아요. 집에 있으면 됐어요."

집에 가방을 내려놓고 나는 시영이네 집으로 달려갔다. 벨을 누르자 시영이 엄마가 난처한 얼굴로 나왔다.

"너희 싸웠나 보구나. 시영이가 만나고 싶지 않다는데 어쩌니."

"아파트 앞 놀이터에 있겠다고 전해 주세요. 갑자기 찾아와서 죄송해요, 아줌마."

시영이 엄마는 빙긋 웃었다.

"지수 의젓한 거 시영이가 반만 닮았음 좋겠네. 그렇게 전할 테니 얼른 화해해."

나는 놀이터 그네에 앉아서 시영이를 기다렸다. 알아주길 바라며 넋 놓고 있으면 안 된다는 걸, 나는 희도 때 확실하게 학습했다.

예상보다 시영이는 금방 나왔다. 손목에 프릴이 달린 분홍 원피스를 입은 시영이는 내게서 좀 떨어진 시소 위에 앉았다. 나는 옆의 그넷줄을 흔들어 보였다.

"이리로 와."

"싫어. 여기 앉을 거야."

166

고집스러운 대답이 돌아왔다. 그네와 시소 사이의 거리가 마치 지금의 나와 시영이 사이 같았다. 그래도 둘 다 놀이터 안에 있는 기구들이니까. 나는 시영이가 이 안에 들어와 준 것이 고마웠다.

"시영아…… 있잖아."

무슨 말부터 해야 할까. 입속으로 첫마디를 구슬처럼 고르다가 나는 시영이가 입은 원피스를 찬찬히 보았다. 손목과 치맛단에 달린 귀여운 프릴. 가슴에 반짝이는 빨간색 스팽글로 수놓아진 하트. 하얗고 귀여운 시영이 얼굴에 딱 맞는 깜찍한 원피스였다.

"시영아, 그 옷 정말 잘 어울려."

갑작스런 옷 칭찬에 시영이의 눈이 커졌다.

"귀엽고 깜찍하고, 너한테 찰떡같아."

"뭐야, 갑자기 불러 놓고 뜬금없이."

시영이가 어이없어 하면서도 슬쩍 자기 옷을 내려다보았다.

"그래서 네가 가끔 엄청 부러웠어. 그런 옷이 정말 잘 어울리는 네가."

이번에는 시영이가 나를 쳐다보았다. 동그랗게 뜬 그 눈을 보며 나는 픽 웃었다.

"그런 걸 내가 입는다고 생각해 봐. 빈말이라도 잘 어울린다는 말은 못 하겠지? 아니, 이런 걸 내가 입고 싶어 할 거라고도 생

각해 본 적 없지?"

"……."

"그래서 말 못 했어."

그네와 시소의 거리. 그 거리만큼 애매한 침묵이 우리 사이에 내려앉았다. 그 침묵이 더 짙어지기 전에 내가 서둘러 입을 열었다.

"나한테 실망했지? 미안해."

삐걱. 시영이가 발을 굴렀다. 시소가 한 번 위로 들렸다가 다시 아래로 떨어졌다. 시영이가 물기 없는 목소리로 입을 열었다.

"나 그 사과는 안 받을래."

"시영아."

"넌 지금 미안해하는 포인트가 완전히 잘못됐어."

시영이가 다시 세게 발을 굴렀다. 시소가 높이 들렸다가 아까보다 빠르게 아래로 쿵 떨어졌다. 그리고 시영이는 시소에서 몸을 일으켰다.

"설마 너, 내가 널 좋아한 이유가 네가 남자애 같아서라고 생각한 건 아니지? 내가 너한테 아이돌 같다, 멋있다 그러니까 정말로 그런 거 때문에 내가 너랑 친구한 건 줄 알았어?"

"……."

"내가 계속 속상한 건, 나랑 제일 친하다고 생각한 네가 나한테 그런 얘길 하나도 안 하고 숨겼다는 거란 말이야. 넌 그 사실을 알면 내가 더 이상 지금처럼 널 대하지 않을까 봐 말 안 한 거 잖아. 그런 거잖아. 너 대체 날 어떻게 보고……."

울컥했는지 시영이의 목소리가 갑자기 잠겨 들었다. 나는 멍하게 시영이의 얼굴만 바라보았다.

"너한테는 내가 그 정도밖에 안 된 거잖아. 진짜 모습이나 진짜 취향을 알면 떠나갈 그런 애. 그게 나는 너무 화가 나. 네가 귀여운 거 좋아하고 예쁜 거 좋아하고 그런 거 알았다면!"

그네에 꼼짝없이 앉아 있는 내게 시영이가 한 발짝씩 다가와 멈춰 섰다.

"알지? 나 깜찍하고 귀여운 거 좋아해. 만약 네가 솔직하게 말해 줬다면 내가 너를 멀리했을 거 같아? 취향이 비슷하니까 더 좋아했을 거야. 너랑 같이 구경할 것도 많고, 살 것도 많고, 공유할 것도 많고, 공통점도 많이 생겨서 난 더 기뻤을 거야. 같이할 것들이 늘어나서 더 신났을 거라고. 넌 그런 생각은 해 본 적도 없지?"

"미안해……."

시영이의 말은 하나도 틀린 게 없었다. 시영이는 그랬을 것이다. 괜히 나 혼자 자신이 없어서 벽을 쌓고, 울타리를 치고, 편견으로 그 벽에 색을 칠하고…….

"그게 너무 서운해. 넌 결국 나를 그 정도로만 생각했다는 거니까."

커다란 시영이의 눈에 눈물이 맺혔다. 나도 목구멍이 뜨거워졌다. 가까스로 다시 한 번 사과를 했다.

"미안해, 시영아. 정말 미안해."

"그래서 나 돌 페스티벌은 안 갈 거야."

눈물을 쓱 닦고 나서 시영이가 단호하게 말했다. 나는 입술을 깨물었다. 와 달라고 말할 자격도 없다고 생각했다. 시영이를 잃는 순간에 서 있다는 게 너무나 가슴이 아팠다.

"하지만 나 너랑 절교는 못 해. 아무리 속상해도 그건 못 해."

시영이가 내 그네 옆에 앉았다. 예상과는 완전히 다른 시영이의 말에 나는 놀라서 눈만 깜박였다.

"너한테 서운하지만 너랑 멀어지기는 싫어. 왜냐면 난 널 좋아하니까. 제일 친한 친구니까."

시영이가 탄 그네가 내 옆에서 사뿐사뿐 흔들렸다. 처음 시영이를 만났던 날, 시영이가 했던 말이 불현듯 떠올랐다.

"그럼 내가 여기서 네 첫 친구 해야지!"

훌쩍 다가서는 투명하고 산뜻한 용기. 나와는 완전히 다르다고 생각했던 그 모습.

나는 내 옆에서 말없이 그네를 타는 시영이를 물끄러미 보았다. 시영이가 마치 그때처럼 툭 말을 걸어왔다.

"다음부턴 그러지 마."

민시영이 그날 내 옆에 앉아서, 내 친구가 되어 줘서, 너무나

다행이었다. 내게는 최대의 행운이었다. 나는 힘차게 고개를 끄
덕였다.

그네를 탄 우리 둘의 그림자가 햇빛에 따끈하게 너울거렸다.

내일

안녕하세요. 살랑핑크입니다.

저 이번 돌 페스티벌에 나가게 됐어요! 그것도 도리안님과

같은 부스로 참가합니다.

저희 부스는 11번이에요.

도리안님에게 거의 업히다시피해서 나가는 거지만 그래도

첫 참가라 엄청 설레고 떨려요. 제 블로그에 늘 와 주시는 이웃님들,

거기서도 꼭 뵈었으면 좋겠어요. 감사합니다!

블로그의 공지 글은 엄마, 아빠에게 확실하게 승낙을 얻어 낸
후에 띄웠다.

편지를 받은 이후 엄마는 꽤 오래 침묵했다. 그러다가 어느 날

내 방에 불쑥 들어오더니 한숨과 함께 입을 열었다.

"그래, 어디 네 마음대로 해 봐."

퉁명스러운 말투였지만 말 모서리가 뾰족하진 않았다.

"네가 쓴 편지를 몇 번이나 읽어 보더라."

아빠가 나중에 슬쩍 귀띔해 주었다.

"십 몇 년을 키웠는데도 자식은 잘 모르겠다고, 제일 잘 안다고 생각했는데 그게 아닐지도 모르겠다고, 이만큼이나 큰 줄도 몰랐다고 네 엄마가 그러더라."

포기가 아니라 존중의 승낙이라는 게 더없이 기뻤다. 그러한 일들 속에서 이제 페스티벌은 당장 내일로 다가와 있었다.

"잠이 안 와."

내일은 판매자로 참가하는 만큼 오픈 시간보다 두 시간은 더 일찍 도착해서 준비해야 했다. 물품 점검부터 부스 세팅까지 할 일이 많은데 도무지 잠이 오지 않았다. 물품들은 전부 준비를 끝냈고 얼른 잠만 자면 되는데 가슴이 두근거려 도저히 잘 수가 없었다.

불을 끄고 누워 눈만 말똥말똥하고 있는데 톡이 왔다는 알림이 울렸다. 손을 뻗어 휴대폰을 확인한 나는 자리에서 벌떡 일어났다. 희도였다.

 드디어 내일이네. 누나랑 너, 정말 열심히 하더라. 내일 파이팅.

갑자기 감상적인 기분이 되어 나는 희도의 톡을 한참 동안 보았다. 이렇게 페스티벌까지 나가게 된 여러 만남과 사건들, 그 한가운데 안희도가 있었다. 정말로 그랬다.

친구들에게 희도에 대해 얘기한 것은 초대권을 돌리고 나서 며칠 후였다.

"이번에 돌 페스티벌에 같이 나가는 언니가 사실 희도네 누나야. 그래서 희도가 나 많이 도와줬어. 저번에 그 망사 원피스 사건도 실은……."

내 비밀이 투명해지니 비로소 친구들에게 희도가 받은 오해에 대해 털어놓을 수 있었다. 펄쩍 뛰면서 미안해할 거라는 내 예상과 달리 친구들은 조금 놀란 표정을 지을 뿐이었다.

"음, 그랬구나. 안희도네 누나랑 같이 나가는 거였다니!"

심지어 놀라는 포인트도 기대했던 것과 달랐다. 당황한 내가 다시 황급히 덧붙였다.

"그게 문제가 아니라, 망사 사건이 완전히 오해였다니깐."

"알았어. 근데 안희도는 신경도 안 쓰던데."

미예가 새삼스럽다는 표정으로 나를 보며 말했다.

"고호진이 아직 그 일로 가끔 긁는데 안희도는 반응도 안 해."

친구들이 덩달아 맞장구를 쳤다.

"맞아, 안희도 멘탈은 알아줘야 해."

"가만 보면 안희도는 아무것도 관심이 없는 애 같아. 좋아하는 게 있기는 하나?"

'있어. 그 애가 정말로 좋아하는 게 뭔지 나는 알아. 좋아하는 것을 하고 있을 때의 그 애가 얼마나 환하게 빛나는지도.'

나는 마음속으로 중얼거렸다.

휴대폰 속 희도가 보낸 글자들이 내 안에 또박또박 발자국을 냈다. 그 발자국을 가만히 들여다보다 나는 희도에게 톡을 보냈다.

 안희도, 너 내일 우리 부스에 잠깐 올 거지?

 내일 발레 수업이 있어서 끝나고 들르든지 할 건데,
몇 시에 갈지는 모름.

 꼭 와. 몇 시에 오든지 꼭 와.

'줄 게 있어.'라고 썼다가 얼른 지웠다. 아직은 이걸 줄 수 있을지 없을지 잘 판단이 서지 않았다. 마음이 담긴 물건은 누구에게나 무겁다. 주는 사람이나 받는 사람이나. 그게 일방적인 감정이라면 더욱 그렇다.

 너도 누나처럼 나 일꾼으로 쓰려는 건 아니지?
농담이고, 낼 봐.

희도의 그 톡을 마지막으로, 나는 스탠드의 불을 끄고 다시 자리에 누웠다. 도리안 언니의 말로는 희도는 지난주부터 다시 발레를 시작했다고 했다.

"후유증 없이 잘 회복되었거든."

그 말에 내가 얼마나 감사하고 안도했는지 희도는 아마 모를 것이다.

희도와 원치 않게 짝이 되고, 맨날 싸우다가 우연히 비밀을 들키고, 서로에 대해 잘 알게 되면서 다른 마음이 생기고, 그러다가 다치게 하고, 오해하고, 멀어지고, 화해하고……. 지금은 딱이 거리, 멀지도 가깝지도 않은 이만큼의 거리에 희도가 있었다.

나는 가만히 눈을 감았다. 그 어느 날, 교실에서 날아오르듯 뛰어오르던 희도가 감은 눈 안에서 반짝거렸다.

그때와는 완전히 다른 마음으로 그 모습을 몇 번이나 떠올리다가, 나는 어느새 잠이 들었다.

내 첫걸음

"도리안님, 뵙고 싶었어요. 저, 이걸로 주세요."

"도리안님 때문에 돌 페스티벌 왔어요!"

"도착하자마자 이 부스로 제일 먼저 달려왔는데! 늦은 건 아니죠?"

오픈하자마자 11번 부스 '도리안과 살랑핑크 공방'에 줄을 선 사람들은 도리안 언니의 팬들이었다. 언니가 공들여 만든 작품들이 누군가의 품에 소중하게 안겨 나갈 때마다 마음이 벅차올랐다. 팔리는 건 전부 도리안 언니의 것들이었지만 옆에서 만들어지는 과정을 쭉 봐 온 것들이었다. 나는 마치 내 것처럼 기쁜 마음으로 포장해서 손님들에게 내밀었다.

"감사합니다!"

그런데 봉지를 건네받은 한 손님이 바로 부스를 떠나지 않고 진열대에 걸린 드레스들을 만지작거렸다. 그중 하나에 오랫동안 눈길이 멎는 걸 본 나는 침을 꼴깍 삼켰다. 그건 내가 만든 거였다.

"이것도 예쁘다. 얼마예요?"

"네? 아, 그, 그건……."

당황해서 어버버하고 있는 내 뒤로 도리안 언니가 얼굴을 쏙 내밀었다.

"만오천 원이에요. 그거 너무 귀엽죠?"

"네, 이것도 주세요."

팔렸다! 나는 그 자리에서 팔짝팔짝 뛰고 싶은 것을 꾹 참고 공손하게 돈을 받았다. 첫 판매였다. 심장이 밖으로 튀어나올 듯이 두근거렸다.

"첫 판매 축하해, 핑크."

도리안 언니가 등을 다정하게 두드려 주었다. 나는 발을 동동 구르며 언니 손을 잡았다.

"제 거 팔린 거 맞죠? 정말 맞죠? 아, 못 믿겠어요."

"왜 이래? 앞으로 계속 팔려 나갈 텐데."

언니가 웃음기 어린 목소리로 대답했다.

언니의 말은 정말이었다. 첫 판매를 시작으로 내가 만든 것들이 슬슬 팔려 나가기 시작했다. 도리안 언니에 비하면 미약한 수준이었지만 그래도 누군가는 내가 만든 작품들을 유심히 바라봐 주었다. 누군가가 내가 만든 것을 보고 귀엽다고, 사고 싶다고 말해 주는 것만으로도 밤새우며 고생한 시간을 전부 보상받는 기분이었다. 내가 좋아서 만든 것들을 누군가도 같이 좋아해 주고, 심지어 대가를 지불해 데려간다는 것에서 오는 뿌듯함.

"정말 감사합니다!"

큰 목소리로 인사를 하며 한 명 한 명의 얼굴을 눈에 담았다. 살랑핑크 블로그를 보고 왔다는 손님, 내가 남자아이인 줄 알고 놀랐다는 손님, 처음 인형 옷을 사러 왔다는 손님, 만드는 법을 자세히 묻고 가는 손님. 모두 처음 보는 사람들이었지만 원래 알았던 것처럼 친근했다. 좋아하는 게 같다는 것은 그런 걸지도 모른다. 마음의 가장 말랑한 부분이 서로 같은 빛깔로 이어져 있는 느낌.

"꼭 예전의 나 같은 느낌이었어. 너 말이야."

잠시 한가해진 틈에 도리안 언니가 내게 말했다.

"반짝거리는 열정도 그랬고, 그럼에도 자신 없어 하는 것도 그렇고. 인정받고 싶어 하고 확인받고 싶어 하는 것도 그랬어. 그래서 도와주고 싶었나 봐."

언니가 미소 지으며 내 눈을 바라보았다.

"그런 이유 때문에 같이 여기에 나오자고 한 거야. 좋아하는 것을 직접 경험하고 나눌 수 있는 기회는 세계를 넓혀 주거든."

손님 한 명이 진열대에서 언니를 불렀다.

"여기요, 도리안님!"

언니가 자리에서 일어나며 짧게 덧붙였다.

"그리고 세계가 넓어지면 네가 선택할 수 있는 것도 많아지니까."

나는 가만히 언니가 한 말을 곱씹어 보았다. 내가 원하는 대로 선택할 수 있는 것. 남의 시선이나 평가에 개의치 않고 스스로 원하는 대로 나아가는 것.

아, 이곳은 그렇게 만들어진 내 첫걸음이구나. 나는 불현듯 깨달았다.

그리고 그건 절대로 혼자서는 만들 수 없는 시작이었다. 그 시작을 위해 도리안 언니의 도움이 있었고, 부모님의 존중이 있었고, 친구들의 이해가 있었다.

그리고,

"정지수!"

지금 내 앞에 서 있는 안희도가 있었다.

담담하게 비밀을 공유해 주고, 나 스스로가 나를 좋아할 수 있게 만들어 준 그 애가 있었다.

"늦었지? 수업 끝나고 바로 왔는데도 좀 걸렸네?"

희도가 빙긋 웃었다. 아, 내가 좋아하는 그 웃음이다.

"많이 팔았어? 그동안의 내 수고비 주려면 꽤 벌었어야 할 텐데."

피식하고 웃게 만드는 싱거운 농담도 언제부턴가 좋았다.

"왜 그렇게 봐? 장난인데 정색한다, 또, 또."

제일 좋은 건 희도를 알면 알수록 알게 되는 것들이었다. 티 안 나는 배려라든가, 타인에 대한 관대함이라든가, 스스로에 대한 자신감이라든가.

아니, 아니다. 그런 이유 없이 나중에는 그냥 좋았다. 마음이 언제부터인가 이유 없이 제멋대로 달렸다. 지레 겁먹고 용기가 없어서 혼자서 몇 번이나 접고 접었지만 마음이란 건 종이처럼 쉽게 접히는 게 아니었다. 희도가 앞에 있으면 사르르 다시 꽃처럼 펼쳐졌다.

"그동안의 수고비, 지금 줄게."

나는 테이블 밑에서 주섬주섬 종이 가방을 꺼냈다. 장난으로 한 말을 진짜로 받아들이자 희도의 미간이 난감한 듯 찌푸려졌다.

"야, 됐어. 수고비는 무슨 수고비야."

"그거 지금 보지는 마. 집에 가져가서 봐."

종이 가방을 안기며 내가 당부하자 희도가 눈을 가늘게 떴다.

"뭔데 그래? 궁금하니까 지금 볼래."

"앗, 야, 야, 안희도!"

내가 말릴 겨를도 없이 재빨리 희도가 가방 안에서 그것을 꺼냈다. 나는 민망해서 등을 돌렸다. 등 뒤로 희도가 놀란 목소리를 냈다.

"인형이네?"

"응."

"이거, 나야?"

나는 희도 쪽으로 천천히 몸을 돌렸다. 양팔을 벌리고 책상 위에 가볍게 선 발레리노 인형. 희도의 손 위에 올려진 그 아이를 보며 나는 가만히 고개를 끄덕였다.

"책상 위에 서 있네."

희도가 중얼거렸다. 나는 다시 고개를 끄덕였다.

이제는 꽤 지난 그 어느 날의 오후. 새처럼 책상 사이를 뛰어 올랐던 희도. 그때 그 장면은 강렬하게 머릿속에 남아 희도를 생각할 때마다 떠올랐다. 어쩌면 나도 모르는 사이, 그때부터가 시작이었을지도 모른다. 마음의 끌림이라는 건 어느 순간 갑자기 그렇게.

"엄청 잘 만들었다. 고마워."

희도가 인형을 손가락으로 가만가만 만져 보며 말했다.

"인형은 처음 만들어 봐서 조금 이상할지도 몰라. 틀은 언니가 조금 도와줬지만 그래도 열심히 만들었어. 아, 의상은 전부 나 혼자 만든 거야."

찬찬히 인형을 바라보는 희도의 눈빛에 내 심장이 두근거렸다. 사실 인형 같은 걸 주면 어쩌냐고 무안을 당하는 상황도 각오했다. 그래서 희도의 진지한, 그리고 조금은 기쁜 듯한 표정에 나는 진심으로 안도했다.

"안희도. 너한테는 고맙고 미안해. 너 덕분에 여기까지 올 수 있었어."

이제까지 하지 못했던 말. 제대로 하고 싶었던 말.

"그래서 처음 만든 인형을 너한테 주고 싶었어. 다른 방법으로는 마음을 어떻게 전해야 할지 생각 안 나서."

희도가 아닌, 희도 인형을 쳐다보며 나는 말을 건넸다. 뺨에 희도의 시선이 느껴졌지만 차마 쳐다볼 수는 없었다. 아, 미치겠다. 이건 뭐 완전히 고백 같잖아. 얼굴이 불이 난 것같이 화끈거렸다. 아까와는 다른 방향과 속도로 심장이 쿵쿵쿵쿵 뛰었다.

"야, 정지수."

잠깐의 침묵 뒤에 희도가 내 이름을 불렀다. 나는 간신히 고개를 들었다. 희도가 읽기 어려운 표정으로 무슨 말을 하려다가 다시 입을 다물더니 인형을 종이 가방에 조심조심 넣었다.

"이, 이거 잘 간직할게. 고맙다."

희도는 애매한 발음으로 빠르게 인사하더니 그대로 등을 돌려 걸어갔다. 나는 그 뒷모습을 가만히 쳐다보았다. 뒤돌아 걷는 희도의 귀가 새빨갰다. 정말로 선명한 빨간색이었다. 오래도록 마음에 잔상이 남을 것만 같은 빨간색.

"진짜 미치겠다……."

웃음이 나올 것 같은, 아니 조금 울 것 같기도 한 기분으로 나

는 그 뒷모습을 오래도록 보았다.

이것도 역시 내 첫걸음이구나. 좋아하는 것을 향해, 좋아하는 사람을 향해, 온전히 나 스스로 용기 있게 나아가는 첫 번째 발자국. 내 감정을, 내 마음을, 그리고 나 자신을 솔직하게 인정하는 내디딤.

벅찬 감정으로 그렇게 서 있는데, 손님 한 명이 머뭇머뭇 말을 걸어왔다.

"저기, 이 드레스 좀 자세히 보고 싶은데요."

"네! 어서 오세요!"

나는 더없이 밝은 미소로 대답했다.

찬란하게 좋아, 하는

좋아하는 것을 보면, 그 사람이 어떤 사람인지 알 수 있다고 해요.

여러분이 누군가를 진실하게 알아 가고 싶다면 그 사람이 무엇을 좋아하는지, 어떤 것을 소중하게 생각하는지 눈여겨보았으면 합니다. 어쩌면 친구의 취향이 생각했던 것과 많이 다를 수도 있어요. 혹은 전혀 생각지 못했던 것을 친구가 마음에 들어 할 수도 있고요.

그런데 말이죠, 그러한 의외의 모습들이 그 친구의 진짜 얼굴일 거라 생각해요. 좋아하는 마음을 보여 줄 때는, 안쪽 가장 여리고 솔직한 부분이 드러나게 되거든요. 그 말간 속마음이 친구의 가장 순수한 진짜 모습일 거예요.

누구에게나 있답니다. 마음을 말랑하게 만드는 강한 이끌림 말이에요. 그 대상은 사람일 수도 있고, 동물일 수도 있고, 운동일 수도 있고, 음악일 수도 있고, 아니면 어떤 특별한 풍경일 수도 있어요. 신기하게도, 모두들 좋아하는 게 조금씩 다릅니다. 혹여 같은 대상일지라도 마음에 드는 부분과 좋아함의 온도는 분명히 다르지요.

우리가 남들과 다른 고유한 존재인 이유는 아마도 그런 부분 때문이 아닐까요. 각각의 마음과 각자의 취향, 그로 인해 서로 다른 빛깔을 지녔으니까요.

이 이야기는 그런 생각으로부터 태어났답니다.

지금의 나 자신이 좋아하는 것, 그래서 하고 싶은 것.

진심을 다해 좋아하고, 그렇기 때문에 하고픈 일을 부끄러워하지 않는 용기를 이야기하고 싶었어요. 또한 스스로를 인정하며 나아가는 강한 마음에 대해서도요.

주인공 정지수와 안희도가 자신을 인정하며 내딛는 발걸음을 함께 걸으며, 여러분이 좋아하는 것이 무엇인지 찬찬히 생각해 보았으면 좋겠습니다. 그리고 그 둘이 서로를 이해하게 되면서 경험하는 감정 역시 여러분에게 따스하게 닿았으면 좋겠어요.

부디 여러분이 좋아하는 것이 바로 지금의 여러분을 이루고 있다는 것, 그리고 여러분을 반짝반짝 빛나게 만들고 있다는 것을 잊지 마세요. 무언가를 순수하게 좋아하는 마음은 여러분 안에서 찬란하게 빛나는 보석 같은 감정이랍니다.

사실, 이 이야기 안에는 제가 한때 좋아했던 것과 지금 좋아하는 것들이 모두 들어 있습니다. 앞으로도 계속 좋아할 것들과 함께 말이죠.

제가 좋아하는 것들로 가득한 이 이야기가 여러분의 마음에 좋은 느낌으로 흔적을 남겼으면 해요. 그렇다면 이야기를 쓰는 일, 세상에서 가장 '좋아, 하는' 일을 하고 있는 제게 더 바랄 것 없는 행복이 될 거예요.

김화요

쉼표 하나에 담긴 놀라운 힘

나는 이 동화를 두 번 읽었다. 심사 위원으로서 한 번 읽었고, 추천사를 쓰기 위해 다시 읽었다. 두 번 읽고 두 번 다 여러 군데에서 감탄했다.

가장 먼저 내 눈길을 잡아끈 것은 '좋아, 하는'이라는 동화 제목이다. 제목 중간에 이물질처럼 끼어 있는 쉼표 하나가 작품 전체를 상징한다고 해도 무리가 아니다. 김유정의 소설 《봄·봄》의 가운뎃점이 무덤덤한 편이라면, 《좋아, 하는》의 쉼표는 독자의 가슴에 잔잔하게 파문을 일으킨다. 상상력과 감수성을 자극하기에 충분하다는 말이다. 쉽고 간단한 쉼표에 지나지 않는데, 그곳에서 재미있는 이야기가 용솟음칠 것 같지 않은가.

등장인물의 심리 묘사가 뛰어나다는 점도 읽는 내내 마음을 출렁이게 했다. 어쩌면 이렇듯 섬세한 무늬로 잡아챌 수 있을까. 동심을 이만큼 잡아챘다는 게 쉽게 터득할 수 있는 것이 아니기에 더욱 그랬다. 군더더기가 없는, 그리하여 속도감이 살아 있는 이야기 전개도 마음에 와 감겼다. 처음은 처음대로, 중간은 중간대로, 마무리는 마무리대로 흠잡을 곳이 없다고 할까. 이야기를 굴려 나가는 솜씨 못지않게 등장인물도 하나같이 매력적이다. 두 주인공 정지수와 안희도가 뿜어내는 힘이 우선 막강하다. 개성 있는 두 주인공 때문에 이야기 흐름에 긴장감이 생겨났고, 그리하여 끝까지 지루함을 느낄 겨를이 없었다. 지루함을 느끼다니, 이야기 속에 풍덩 빠져들어 헤어날 수 없을 지경이었다.

주변 인물들의 역할도 빈틈을 찾기 어려웠다. 각자의 자리에서 적절히

역할을 수행하는 주변 인물들. 따뜻하게 남을 배려하는 도리안, 귀엽고 활달한 성격으로 이야기에 탄력을 불어넣는 단짝 민시영, 깐족거리는 역할을 제대로 소화해 준 고호진 등등.

《좋아, 하는》은 키가 172센티미터인 정지수의 성장기이다. 정지수는 두 가지 서로 다른 문제 때문에 깊은 고민에 빠진다. 자기가 잘하는 것과 좋아하는 것 사이에서. 정지수가 잘하는 것은 체육 활동이다. 달리기든 피구든 다 잘한다. 한데 정지수가 정작 좋아하는 것은 '인형 옷 만들기'이다. 이 두 지점 사이에서 고민하고 갈등하고 복작거리며 마음의 결정을 내리기까지의 과정이 이야기의 큰 줄기이다.

그런데 무엇보다 독자의 마음을 끊임없이 설레게 하는 것은 정지수와 안희도의 밀고 당기는 사춘기 연애 감정이다. 오죽했으면 나이가 70대인 한 심사 위원이 이런 말을 남겼을까. 노인마저도 동심의 사랑에 빠져들 정도로 매력이 넘치는 작품이라고.

이야기 속에 진득하니 박혀 있는 삶에 대한 작가의 철학도 곱씹을 만하다. "남의 시선보다 더 무서운 건 결국 네 목소리를 죽이는 거라는 거 알아? 계속 죽여 가다 보면 정말 네 자신이 없어지게 되거든.", "마음이 담긴 물건은 누구에게나 무겁다." 같은 문장들 앞에서 나는 한참을 머뭇거렸다.

묵직하게 가슴을 쳐 대지 않는가.

실로 오랜만에 멋진 동화를 만났다. 좋은 작가가 쓴 멋진 작품 끝자락에 선배 작가로서 이런 추천사를 얹어 놓는 것. 이 또한 기쁘지 아니한가!

심사 위원 송언(동화 작가)

좋아, 하는

펴낸날 초판 1쇄 2021년 8월 30일 | 초판 7쇄 2024년 2월 15일 | 글 김화요 | 그림 한지선
펴낸이 서명지 | 개발책임 조재은 | 편집 한재준, 곽미영 | 디자인 하늘·민
마케팅책임 이경준 | 제작 이현애
펴낸곳 (주)키즈스콜레 | 등록번호 제2022-000036호
주소 서울특별시 서초구 방배천로 91 구산타워 9층
주문 전화 02)829-1825 | 주문 팩스 070)4170-4318 | 내용 문의 070)8209-6140

ⓒ 김화요, 한지선, 2021
ISBN 979-11-6825-052-9 74800